당신이 사라지는 속도

당신이 사라지는 속도
김태익 지음

2025년 8월 8일 초판 1쇄 인쇄
2025년 8월 8일 초판 1쇄 발행

펴낸이 | 이재필
펴낸곳 | 움직이는책
등록 | 2021년 6월 15일 제2021-000054호
주소 | (02717) 서울특별시 성북구 보국문로18가길 52, 302호(정릉동)
전화 | 010-2290-4973
팩스 | 0508-932-4973
전자우편 | moving-book@naver.com

표지·본문디자인 | 로로브레인
교정·교열 | 이은미
인쇄 | 보임디자인(주)
도서유통 총판 | (주)자유서적 (전화 031-955-3522, 팩스 031-955-3520)

© 김태익, 2025
ISBN: 979-11-976327-3-0 03800

책값은 뒤표지에 있습니다.

당신이 사라지는 속도

김태익 지음

차례

| 들어가며 | • 7

1 어떤 하늘 • 11
2 뒷집 • 13
3 책갈피 속의 절 • 15
4 목련은 훈련 중 • 19
5 해는 지고 말았다 • 23
6 봄비도 그쳤습니다 • 27
7 여적 모르셨슈? • 30
8 옴팡집 • 32
9 눈먼 년의 미나리 • 36
10 나는 떠납니다 • 39
11 凹凸 요철 주의 • 41

12 소새끼의 빈자리 • 47
13 숨겨놓은 동굴 • 52
14 기우 • 56
15 바늘귀가 도망갔다 • 58
16 종호네 • 60
17 나이샷! • 62
18 십 원만 • 66
19 갓빠스시 • 70
20 환한 달 • 73
21 짐을 진 사람들 • 77
22 말대답 • 79

23 단어로 오르는 산 • 85
24 벨 일 없죠? • 88
25 카네이션이 지면 • 91
26 깊은, 답답한 그러나 즐거운 • 94
27 톨레도엔 바람이 분다 • 98
28 공짜는 없다 • 100
29 훈장 혹은 이정표 • 103
30 푸른 집 할머니 • 106
31 수면을 날다 • 111
32 멀리 새벽송이 들려온다 • 114
33 붉은 열매들의 합창 • 116

34 따그닥, 따그닥 • 121
35 닭발 • 124
36 방물장수 보따리 • 127
37 따다닥, 따다닥, 쿵쿵 • 130
38 부딪히는 소주잔들 • 132
39 열 번째 후회 • 135
40 을영비(乙瑛碑) • 138
41 깁스 감옥 • 140
42 누구였더라? • 143
43 기우뚱, 가을이 넘어지면 • 146
44 높은 하늘, 깊은 침대 • 149

45 갈 때의 인사 • 155
46 안티푸라민 • 158
47 다 자란 웃음 • 161
48 아무것도 묻지 않았다 • 164
49 국방색 등 • 167
50 딱 한 병 모셔놨다 • 170
51 할머니의 가뭄 • 172
52 가시로 남아 • 176
53 만경 갱변, 파란 불 • 179
54 앉으나 서나 당신 생각 • 182
55 돌고 돌아 내리는 • 186

● 들어가며 ●

갓난이 큰딸 아이를 데리고 퇴원할 때부터 문제가 생겼다.
울고 보챌 때는 답이 없었다.
퇴근했지만 잠을 제대로 잘 수 없어 와이프랑 많이 다퉜다.
아침마다 자는 딸을 강보에 싸서 누나 집에 맡겨야 했다.
아이는 자주 코가 막혔다.
언젠가 온 가족이 모이는 시골집 행사에 갓난이를 데리고 갔다.
콧물 빼는 기구를 잊어버렸다.
마루에 데리고 나가 한쪽 코를 막고 반대쪽 코를 입으로 빨았다.
그렇게 콧물을 제거하고 나서야 잠이 들 수 있었다.
다음 날 큰누나는 아기가 괜찮냐고 물었다.
아주 좋아졌다고 대답했지만, 상세한 내용은 전하지 않았다.
나중에 딸이 초등학생이 되었다.
큰누나가 그 얘기를 딸에게 했다.
"인마, 아빠가 니 콧물을 빨아 먹으며 널 키웠단다."

아들은 마냥 뛰어노는 것을 업으로 삼았다.
그래도 출장을 가면 장난감을 사다 주곤 했다.
나 역시 아버지가 사다 주신 장난감을 품에 안고 잠들던 때가 있었다.
부모가 자식을 키우는데 무슨 일인들 못할까?
우리는 그 이상의 사랑을 받고 자라왔을 텐데….

새로운 깃털로 날아오르는 흉내를 낸다.
언젠가 모두 떠날 것이고, 남은 둥지에는 조용한 정적이 내려앉겠지.
이제 아이들의 짜증마저도 웃어넘기며 산다.
책을 마무리한 지금, 마음껏 자유를 향해 날아가는 아이들 뒷모습이 보인다.
당신은 조금씩 사라졌고, 나는 조금씩 이해하게 되었다.
이 글들은 그 사이의 시간이다.

2025년 7월 김태익

어떤 하늘·뒷집·책갈피 속의 절·목련은 훈련 중·해는 지고 말았다
봄비도 그쳤습니다·여석 모르셨슈?·곰팡집·눈 먼 년의 미나리
나는 떠납니다·凹凸 요철 주의

1
어떤 하늘

파란 하늘이 높아져만 간다. 고추잠자리도 떠났다. 앙상한 가지엔 빨간 홍시들만 대롱대롱, 무서리 내리는 가을이다.

작은 나뭇가시들로 얼기설기 엮어 만든 울타리로 비스듬히 막은 개울가, 그 가장자리엔 짚으로 이은 원뿔형 움막이 있다. 움막 안으로 흘러드는 개울 바닥에 사금파리를 깔았다. 검은 물체가 어른거리면 얼른 건져 올린다. 깊은 강으로 달려가던 통통한 털게는 거품을 뿜어내며 불만을 토로한다.

사기그릇 밑바닥에 쓰인 푸른색 '福'자, 밤나무 이파리의 참게 흉내, 차가운 물 속에 헛손질한다. 깊은 밤, 강을 따라 이동하는 그들을 기다리다 잠이 먼저 쳐들어온다.

나락 터는 날, 온 동네 아주머니들이 훌테 하나씩 품에 안고 씨름한다. 나락 다발을 쌓는 일은 아저씨들이, 훑고 난 볏단을 가지런히 정리하는 것은 우리 몫이다. 나락 볏단 가리는 줄어들고 대신 지푸라기 볏단이 높아진다.

통통한 가을 무가 있고, 그 사이사이에 고등어가 보인다. 등의 푸른 줄무늬는 바쁜 젓가락질로 순식간에 사라진다. 사금파리 위를 엉금거렸던 참게는 할아버지 밥상 위에 있다.

내 마음의 하늘은, 언제쯤 열릴까.

창밖에 샛별이 벌써 환하게 떴다.

2
뒷집

낯설다.

희끄무레한 머리칼, 듬성듬성한 맨살, 튀어나온 광대뼈와 깊어진 눈가 주름. 무서리를 맞은 친구 얼굴. 옛날 뒷집 할아버지가 생각난다.

권하고 또 권하고, 목소리가 두어 옥타브쯤 올라갔을 때, 낯섦도 낯익음도 모두 사라진다. 드디어 상고머리 시절로 돌아간다.

숨 막히던 고3 봄날, 학교 강당에서 전국 여자고등학교 농구대회가 열린 일주일여, 제정신으로 공부한 친구가 몇이나 되었을까? 밤늦은 하굣길, 여학생들의 숙소 앞을 기웃기웃, 멀리서라도 눈길 한 번 마주치면 피로가 눈 녹듯 사라졌다.

옛날얘기를 침 튀기며 하느라, 귀를 쫑긋 세우고 듣느라, 웃고 떠들며 밤을 새울 기세였다. 자정을 겨우 넘겨 하나둘씩 쓰러졌다. 이내 새벽이 오자 다시 어젯밤의 이야기를 이어갔다.

아직도 사춘기 소년의 감성을 지닌 태용이가 분위기를 잡고 '썰'을 푼다. 영하 20도를 넘는 혹한 속, 강원도 화천 골짜기로 면회를 온 첫사랑 덕분에 얻어낸 특별 외박, 다음 날 저녁 점호시간에 불려 나온 이등병.

"허리 아래는 손도 못 대게 해서, 껴안고만 잤습니다."

"그게 말이 되냐? 철판을 뚫어도 시원찮을 힘을 가진 놈이!"

언제부터인가 겉치장에 한껏 멋을 내는 원택이. 상의 왼쪽 가슴에 나비 모양 패치, 바지 밑단엔 꽃무늬 자수다. 노란 머플러에 네모진 선글라스는 웬만한 연예인도 소화하기 힘든 옷매무새다. 학교 다닐 땐 흰 러닝셔츠를 교복 밖으로 늘 내놓고 다니던 친구였다. 신나게 그의 얘기를 듣다가 마지막 한 마디에 모두 입을 굳게 닫았다.

"난 외출 전에 이런저런 코디하느라 거울 앞에서 기본 30분 이상을 소비한다."

참깨 다발이 서로를 의지한 채 경비병처럼 너른 들판을 지킨다. 쓸쓸한 싸락눈이 내린다. 일찍 찾은 해장국집에선 다시 대폿잔이 돌고, 웃음이 퍼진다. 아마 내년엔 더 낯선 얼굴들로 나타나겠지?

빙그레 웃어주는 뒷집 할아버지가 떠오른다.

3
책갈피 속의 절

　버스에서 내려 점점 폭이 좁아지는 하천을 따라 십 리쯤 걷다 보면, 마지막 마을에 닿는다. 이후로는 민가도 보이지 않는다. 이제 산길로 접어든다. 홀로 걷기에 적당한 오솔길이다. 나무가 하늘을 가려, 위를 올려다보아도 하늘은 보이지 않는다. 오르막이 이어지는 길, 한 시간 넘게 땀을 흘리며 묵묵히 걷는다.

　맑은 물이 흐르는 계곡을 껴안으며 길은 계속 이어진다. 여린 물줄기를 잠시 바라보며 숨을 돌린다. 다시 걷기 시작하면, 곧 암반 옆을 따라가는 가파른 오르막길이 나온다. 거칠게 쪼아 만든 돌계단이 고맙게 느껴진다.

　등에 땀이 송골송골 맺혀 얼굴을 들었을 때, 갑자기 시야가 트이며 하늘이 열린다. 푸른 하늘. 그 아래 흙길이 반갑다. 그리고 절집 처마가 보인다.

　'아- 이렇게 깊은 곳에 절이 숨어있었구나.'

사찰 아래를 통과해야 비로소 부처님이 계시는 세계로 들어설 수 있다.

스님이 거주하는 요사채 뒤편, 반 칸짜리 방의 앉은뱅이책상 앞에서 종일 책과 씨름하던 시절이 있었다. 덩치가 산적 같은 사법 고시생 한 명과 회계사 시험을 준비한다는 비쩍 마른 학생. 절에 상주하며 공부하던 그들은, 공양간을 꾸려가는 보살님과 한 상에서 식사했다. 멀리서 홀로 공양하는 주지 스님은 가끔 조용한 목소리로 말씀하셨다.

"이 절이 영험해서 여기서 공부하고 판검사가 된 사람들이 한 둘이 아니지."

'우화루' 창문에 걸터앉아 담배 하나를 깊숙이 태우고 방으로 들어간다. 아침, 오전, 오후에 이어 네 번째 공부 시간이다. 그때 누군가 문을 두드린다. 한 손엔 맛깔스러운 누룽지 양푼을, 다른 손엔 걸레를 들었다.

"학생, 청소 좀 해줄게."

"네, 나가서 기다릴까요?"

"아니야, 괜찮아. 금방 끝내니 그냥 있어도 돼."

여름휴가였다.

고모가 좋아하는 계곡으로 달려갔다. 물소리와 바람 소리만 들리는 한적한 계곡. 평상에서 잠시 숨을 돌리던 나는, 고모와 어머니를 모시고 근처의 산사를 찾아가면 좋겠다는 생각이 들었다.

30여 년 전, 여름 한 달 동안 머물렀던 절집을 자랑하고 싶었다.

예전에 없었던 넓은 주차장에 차를 세웠다. 동아줄을 잡고 암반을 기어오르던 길에는 철제 계단이 설치되었다. 산이라 어둠이 더 빨리 찾아왔다. 하산 중이던 일행은, 노인 두 분을 모시고 힘겹게 오르는 내 모습을 안쓰러운 눈빛으로 한참 바라보았다.

가까스로 절에 도착했다. 지친 두 분을 적묵당 마루에 모시고 시원한 물 한 잔씩 드렸다. 그제야 지팡이용 막대기들도 기둥에 기대어 나란히 섰다. 두 분은 잠시 숨을 고른 뒤 경내를 둘러보기 시작하였다.

그런데 조금 전, 우리를 안타깝게 바라보던 이가 다시 눈앞에 나타났다.

'내 눈이 잘못된 건가! 분명 우리가 오를 때 하산 중이던 사람이, 어떻게 다시 우리 앞에?'

"조금 전에 하산하셨지요?"

"아! 네, 맞습니다."

"그런데 어떻게 다시 이리 빨리 올라오셨나요?"

"아, 모르셨군요? 극락전 좌측으로 오르면 바로 주차장이 있고, 거기까지 차가 들어옵니다."

"정말요? 감사합니다."

나는 곧장 산 아래 주차장으로 달려가, 새로 개설된 도로를 따라 차를 몰고 극락전 담장 너머에 도착했다. 완전히 기운을 되찾

으신 두 분은, 나란히 극락전 부처님께 정성껏 삼 배를 올리고 계셨다.

"아예 구름 속에 주춧돌을 놓은
잘 늙은 절 한 채
…
화암사, 내 사랑
찾아가는 길을 굳이 알려주지는 않으렵니다."
―「화암사, 내 사랑」* 중에서

한때 나는 그곳을 참 좋아했다. 찾아가는 길도, 그 길에서 마주치는 바람결과 산새 소리도. 누군가 길을 묻더라도 선뜻 알려주고 싶지 않은, 내 마음의 은신처 같은 곳이었다. 안도현 님의 그 시가 세상에 나오기 전이었는지, 그 후였는지 잘 기억나지 않는다. 다만 분명한 건, 그때의 화암사는 불명산 능선 어딘가에 조용히 숨어있던 절이었다. 세월이 흘러, 극락전 처마 밑까지 승용차가 질주할 수 있는 절이 되었다. 언제부턴가, 그렇게 하나둘씩 세상에 들키고, 편리해지고, 그만큼 마음의 자리에서 멀어져 가고.

* 안도현, 『그리운 여우』, 「화암사, 내 사랑」, 창작과비평, 1997.

4
목련은 훈련 중

80년 3월.

스무 살 청춘, 친구들을 뒤로하고 논산 훈련소 입소대 정문에 섰다. 밤새도록 마셨던 술로 아직도 벌건 얼굴. 죽으러 가는 듯한 기분에 친구들의 "잘 다녀오라"라는 말은 귀에 닿지도 않았다.

"장병들은 속히 입대하십시오."

왼손 약지에 끼고 있던 금반지가 걱정되었다. 친구에게 "잘 가지고 있으라."라며 건네고, 황급히 뒤돌아 뛰어갔다.

신체검사와 예방접종 등 훈련 전 준비가 시작되었다. 2박 3일 동안 군복, 훈련화를 비롯한 각종 장비가 지급되었다. 화려했던 옷들은 짙푸른 군복으로 통일되었고, 부드러운 삼각 면 팬티 대신 아저씨들이 입는 펑퍼짐한 트렁크형 광목 팬티를 입어야 했다. '아- 이제 정말 군인이 되는 건가?' 사복과 개인 물품들을 상자에 담아 고향 집으로 보냈다. 신체검사에 탈락한 몇몇은 군복도 받아보지 못한 채 귀향했다. 그들과 함께 집에 가고 싶은 마음이 간절했다.

신병 입소대에서 조금 떨어진 육군훈련소로 줄 맞춰 이동했다. 쟁기질로 뒤집어 놓은 땅 위에 새 풀이 돋고 있었다. '모내기 전까지 무럭무럭 자라겠지.' 훈련소를 향하는 나보다 자유로워 보이는 그 풀이 부러웠다.

본격적인 육군 기본 교육이 시작되었다.

'이제 3년을 썩어야 하나.'

앞날이 까마득했고, 하루하루가 불안했다. 훈련에 지쳐 잠에 곯아떨어졌을 때, 불침번을 서라며 깨울 땐 절망스러웠다. 교관은 틈을 주지 않으려는 듯, 매시간 훈련병들을 쉼 없이 괴롭혔다.

3월 초라 겨우내 얼었던 땅이 녹으며 질척거리기 시작했다. 그 위에서 엎드려뻗쳐, 앞으로 굴러, 뒤로 굴러 등 얼차려로 혼이 반쯤 달아났다. 황토가 군복에 덕지덕지 달라붙어 불편했다. 오전 일과 후 근처 방죽으로 빨래하러 나갔다. 차가운 물에 담그고 아무리 흔들어도, 떡처럼 달라붙은 황토는 좀처럼 떨어지지 않았.

처음으로 샤워 시간이 주어졌다. 샤워실은 강당처럼 넓었고 각자 샤워기 아래 줄지어 섰다. 문 입구에서 밸브를 돌리면 따뜻한 물이 쏟아졌다. 오랜만의 샤워에 여기저기서 탄성이 터졌고, 수증기로 자욱한 공간에서 훈련병들은 괴성을 지르며 샤워를 즐겼다.

"조용히 안 하지?"

교관의 날카로운 소리가 반복되었다. 백여 명이 넘는 장병들에게 그 소리가 전달될 리 없었다.

"알았어, 그럼 너희들의 그 소리를 아주 크게 만들어 주마."

갑자기 샤워기에서 차가운 물이 쏟아졌다. 비명을 지르며 발버둥 쳤지만, 비누칠이 잔뜩 묻은 채 도망갈 수도 없었다.

교관의 말이 아주 작게 이어졌다.

"이제, 조용히 할 수 있나요?"

샤워실은 쥐 죽은 듯 조용했다.

"5분 내 샤워를 마무리한다. 실시."

다시 온수가 나오자, 모두가 남은 비눗기를 씻어내느라 정신이 없었다. 그런 난리를 치른 첫 샤워였지만 마치고 나니 상쾌했다.

점심 식사 후 내무반으로 향하던 길, 양희은의 <하얀 목련>이 스피커에서 울려 퍼졌다. 입대 전에 열심히 따라 불렀던 반가운 리듬과 가사여서 잠시 신분을 잊고 고향에 있는 여인을 떠올렸다. 내무반 정원에 하얀 꽃이 탐스럽게 매달려 있는 모습이 눈에 띄었다. '참- 너는 남의 속도 모르고 예쁘게도 피었구나.'

동료에게 저 꽃 이름이 뭐냐고 물었다.

"너는 목련도 모르냐?"

짜증 섞인 핀잔이 돌아왔다.

매년 하얀 목련이 피는 봄이 오면 양희은의 노래와 함께 그 장면이 어김없이 떠오른다.

"하얀 목련이 필 때면

다시 생각나는 사람

봄비 내린 거리마다

슬픈 그대 뒷모습…."

다시 입대하는 꿈을 더 이상 꾸지 않지만, 그날의 기억만큼은 갈수록 선명해진다.

5
해는 지고 말았다

-상략-

그 후로 정성껏

아흔일곱 지금도

화장을 하지

누군가에게

칭찬받고 싶어서

-「화장」* 중에서

엊그제 100살 먹은 일본 할머니가 쓴 시를 우연히 읽게 되었다. 그 짧은 문장 끝에, 어머님의 쓸쓸한 얼굴이 겹쳤다.
　허투루 허비되는 걸 참지 못하는 어머니. 그 등쌀에 아버지는

* 시바타 도요, 『약해지지 마』, 「화장」, 지식여행, 2013.

조용히, 수동적으로 살아가셨다. 추수가 끝난 논을 갈아엎고, 고랑을 만들어 양파와 마늘을 심었다. 발아한 어린싹은 한겨울을 이겨내며 자라고, 오뉴월 땡볕 속에서 뿌리는 탱탱하게 여물어 갔다. 파랗게 생기를 머금던 줄기는 어느새 누렇게 시들고, 그렇게 수확의 때가 찾아왔다.

수확물을 모두 리어카에 싣고 집으로 옮겨야 했다. 마늘은 100개 한 접씩 묶어 처마나 허청 아래 매달고, 양파는 툇마루 아래에 널어 말렸다. 그때부터 고역이 시작되었다. 조금이라도 비싸게 팔기 위해 어머니는 아들, 딸들에게 부담을 주셨다. 누나들은 창피하다며 일부만 가져가 지인들에게 넘겼지만, 장남인 나는 남은 물량을 거의 책임져야 했다. 여름이 시작되기 전까지, 승용차 안엔 마늘과 양파 냄새가 진동했다.

"어머니! 저 이제 땡볕에서 마늘 양파 뽑는 일을 하고 싶지 않아요. 두 분 모시고 맛있는 음식을 먹으면서 편히 쉬다 가고 싶어요. 지인들에게 판매하기도 창피하니, 제발 내년에는 그 농사 짓지 마세요. 그냥 이제 편히 좀 사시면 안 될까요?"

"알았다. 인자 나도 힘이 부칭게 네 말마따나 내년부터는 하지 않을란다."

어머니는 마지못해 대답하셨고, 아버지는 적극적으로 공감하셨다. 하지만 겨울에 내려가면 어김없이 논에 양파와 마늘이 가득 심겨 있었다. 병원비가 더 든다며 말려도 두 분 생활 방식은 전혀 달라지지 않았다.

아버지가 돌아가신 후에도 어머니는 울안 밭만큼은 혼자 경작하셨다. "니 아버지가 없으니 밤이 무섭다" 하시면서도, 서울로 올라오라는 말에는 고개를 저으셨다. 당신 빠진 자리가 그대로 드러나듯, 집안 곳곳 손 볼 곳이 하나둘 늘어갔다. 내려간다고 전화를 드리면, 어머니는 하던 일을 멈추고 부랴부랴 집 안을 정리하셨다. 그 모습이 안쓰러워, 이후에는 도착 10여 분 전에야 전화를 드리곤 했다.

"애들이랑 집에 곧 도착합니다. 오늘은 고산 읍내로 나가 어머님이 좋아하는 육회를 드시죠. 옷 갈아입고 계세요."

"응, 알았다. 준비하고 있으마."

"저희 왔습니다."

"응, 다 했다. 바로 나가마."

토방까지 깨끗이 쓸고 난 후에도 어머니는 나오지 않으셨다. 배고파하는 아이들과 아내 얼굴이 떠올라 결국 현관문을 열고 안방으로 들어섰다. 어머니는 해 질 녘 어둠 속, 화장대 앞에 앉아 계셨다. 불도 켜지 않은 방. 거울 속 당신 얼굴을 바라보며, 양손을 분주히 움직이셨다. 파운데이션을 진하게 바른 얼굴 위로 검버섯은 모두 사라졌다. 성질머리 급한 아들놈이 기다린다 생각하니, 어머니의 손놀림은 더욱 바빠지셨다.

순간 욱한 마음에, 참지 못하고 말하고 말았다.

"엄마, 이 저녁에 누가 얼굴 쳐다본다고 화장하세요? 이제 그만하시고 가면 안 돼요?"

다음 날 오후, 승용차가 사라질 때까지, 어머니는 대문 기둥에 기대선 채, 굽은 허리를 반쯤 펴고 양손을 흔드셨다. 무언가를 말씀하시는 듯했지만, 창문은 닫혀 있었고 그 목소리는 바람에 삼켜졌다. 해는 저물어가고 있었다. 그 속도만큼이나, 어머니의 얼굴도 빠르게 어두워졌다.

"어머니, 정말 죄송합니다."

밭에서 홀로 일하시던 시간, 얼마나 쓸쓸하셨을까? 사람들이 오가는 읍내 나들이 때만이라도, 예전 교장 사모님의 품위를 지키려 하신 건데… 무대뽀인 아들놈은 괜히 짜증만 부리고 말았다.

해가 진 들판. 산그림자가 천천히 그 위를 덮는다.

두어 점 남은 붉은빛이 지지 않으려 애쓰듯 끝까지 버틴다.

6
봄비도 그쳤습니다

전주 초입에 접어들 무렵, 도로는 좁았고, 비는 계속 내려 시야가 흐렸다. 반대편에서 달려오던 커다란 차량이 중앙선을 넘는 듯 보였다. 정면충돌 직전이었다. 그 순간, 오른편으로 시선을 돌리자 석축이 보였다. 급히 브레이크를 밟고, 핸들을 우측으로 살짝 꺾었다.

"끼이익- 쿵- 쾅-"

바닥이 살짝 얼어 있었다. 차는 빙그르르 돌다가 뒷부분이 석축에 먼저 부딪쳤고, 반동으로 앞부분까지 충돌한 뒤에야 멈췄다. 다행히 뒤따르던 차량은 없었다. 조수석의 그녀는 얼굴을 감싸 쥔 채 떨고 있었다.

그때 나는 입대 영장을 받고 자포자기 상태로, 고향에 내려와 추수에 힘을 보태는 중이었다. 어수선한 정국 속에서 입대를 하게 되자, 어른들은 걱정스러운 눈길을 보냈고, 나 역시 인생의 3년을 저당 잡히러 가는 기분이었다.
　3월 초, 입대 전날. 친구들이 몰려와 마지막 위로주를 부어 주었다. 나는 세상을 하직하듯 마셨고, 그 탓에 어머니가 차려주신 아침밥엔 손도 대지 못한 채 연무대로 향했다. 왼손 약지에 끼워진 금반지가 문득 떠올랐다. 급히 빼서 친구에게 건넸다.
　"첫 휴가 나올 때까지 잘 지켜줘."
　논산의 황토는 붉고도 끈적했다. 한 번만 구르면 옷에 피떡처럼 들러붙는 진흙이었다. 진흙 속을 뒹굴며 두 달을 보냈다. 자대에 배치되었을 땐, 이미 절반의 선임들이 팔다리나 머리에 붕대를 감고 있었다. 내무반이라기보다 병실에 가까운 풍경이었다. 제대 후 학업을 이어가고, 취업을 준비하는 과정엔 수많은 변수가 기다리고 있었다.
　이미 직장인이 된 그녀는 상황이 달랐다. 주변에선 시집가라는 성화도 많았을 것이다. 우리는 서로의 길을 존중하며 자연스럽게 멀어졌다. 그런데 전화가 걸려 왔다. 아니, 어쩌면 내가 먼저 걸었는지도 모르겠다.
　"저녁에 잠깐, 볼 수 있을까?"
　급히 렌터카를 빌려 약속한 미용실 앞으로 갔다. 오랜 피부관리 덕인지, 그녀는 몰라볼 정도로 성숙한 얼굴이었다. 그녀를 데리고 멀리 도망치고 싶은 충동이 들었다. 차를 몰아 시내를 벗어나 운암 저수지 쪽으로 달렸다. 그러다 그녀가 말했다.

"그만 돌아가자. 얼굴도 봤으니까."

그리고 사고가 났다. 눈앞이 캄캄했다. 얼마나 다쳤는지, 차량 수리비는 어떻게 감당할지 아무런 생각도 나지 않았다. 무엇보다, 내일 아침 결혼식장에 들어갈 그녀인데…… 한참을 멍하니 앉아 있다가, 조용히 그녀의 어깨를 흔들었다. 피를 흘리거나 큰 상처는 없어 보였다. 무의식중에 안도의 한숨이 나왔다. 차도 다행히 시동이 걸렸다.

비가 그쳤다.

조용히, 아무 일 없었다는 듯 봄비는 어느새 멎었다. 내일은 맑고, 너그러운 봄날이 될 것 같았다.

7
여적 모르셨슈?

손톱이 자라면 불편해진다. 그러나 나는 이 작은 일도 한 번 더 생각한다. 혹시 시골에 갈 계획이 없는지 확인한다. 마당 잔디 사이에 나는 풀들을 수시로 뽑아주어야 한다. 텃밭의 풀도 그렇다. 게다가 이놈들은 뿌리째 뽑아주는 것 말고는 답이 없다. 아무리 무장을 한다 해도 오래 일하다 보면 손톱 밑이 새까맣게 된다. 만약 손톱이 짧다면 손끝이 견뎌낼 수 없다.

나는 나이 들어 시골에서 여생을 보낼 계획이라 애정을 가지고 항시 달려갈 준비가 되어 있지만, 와이프는 힘들다며 가끔은 동행하길 거부하기도 한다. 30여 년을 함께 살다 보니, 익숙함에서 오는 편안함도 있지만, 여전히 서로 닿지 않는 평행선 같은 부분도 적지 않다.

오랜 세월 몸담았던 회사를 정년으로 마무리하고, 다시 일터로 나선 뒤 달라진 것이 하나 있다면, 통장 관리를 내가 맡게 됐다는 사실이다. 평생을 일했지만, 정작 월급날이 언제였는지, 연말에 얼마의 보너스를 받았는지, 퇴직금이 얼마였는지도 정확히 알지 못한 채 직장 생활을 마무리했다. 그런 나를 보며 아내는 못마땅한 눈치였고, 요즘도 그 일로 은근히 시비를 건다.

지난 주말 저녁, 모처럼 가족 넷이 식탁에 둘러앉아 식사했다.

"이번 주 에세이 주제가 서로의 의사소통 착각으로 빚어지는 에피소드다. 그런데 글감이 생각나지 않아 쓰지 못하는데 그런 것이 뭐가 있을까?"

1초의 망설임도 없이 딸내미 曰

"아빠! 두 분의 삶 자체가 그 주제와 딱 맞는데 여적 모르셨슈?"

8
옴팡집

골방 한쪽 벽에는 수건이 걸려 있고, 그 옆에는 붉은색 조끼도 나란히 있었다. 예비고사도 끝났으니, 우리도 당당히 마셔보자며 찾아간 그곳은 술안주가 맛있다고 소문이 자자한 집이었다. 기다란 주방 테이블을 비롯해 서너 개의 테이블이 옹색하게 놓여있었다.

나는 큰길에서 술집 문을 빠끔히 밀고 내부를 살폈다. 눈이 마주친 주인아주머니가 눈을 끔벅거리며, 뒷문으로 들어오라고 손짓했다. 골방은 뒷골목과 바로 연결된 쪽문이 있어 홀을 거치지 않아도 됐다. 순간 홀에 누군가 있다는 눈치를 챘다. 우리는 모두 목소리를 낮춰 얘기했고, 막걸리도 손짓, 발짓하며 조용히 시켰다. 저 싸낙배기 선생님도 이 집 단골이었구나. 그렇게 무서웠던 선생님과 한집에서 막걸리를 마시게 된 것이었다.

주인아주머니는 막걸리가 묵직하게 담긴 주전자를 먼저 건네주셨다. 이어서 문틈으로 찌그러진 양은 대접과 수저를 던지듯 넣어주셨다. 그리고 어설프게 버무린 무김치도 들어왔다. 막걸리가 입술에 닿자, 향기가 구수하게 퍼졌다. 우리는 누구랄 것도 없이, 넘치도록 따라낸 막걸릿잔을 단숨에 비웠다. 한 대접 막걸리를 마시고 나니, 창호지 문을 사이에 두고 마음 졸이던 새가슴이 조금은 넉넉해지는 듯했다.

그렇게 또 한 대접을 마셨다. 제대로 된 안주는 들어오질 않았다. 우리는 살짝 언짢아지려 했다. 푸념하려던 순간에 안주가 들어왔다. 방금 부친 듯 뜨끈뜨끈한 명태전 한 접시와 생미역 한 접시, 그 위에 빨간 초장 그릇이 얹혀있었다. 다시 막걸리를 주문하여 마시기를 반복했는데, 어느새 선생님들의 목소리는 들려오지 않았다.

그 후 세월이 한참 흘렀다. 서울에서 선생님들을 모시고 함께 식사하는 자리를 마련한 적이 있다. 한정식집에서 담임, 학년주임, 화학 선생님, 이렇게 연락이 되는 세 분을 모셨다. 3학년 주임이셨던 선생님께 술 한 잔을 따라드리며 전주 병무청 앞의 막걸릿집을 아시냐고 살짝 여쭤봤다.

"자그만 집이었지만 주인아주머니의 음식 솜씨가 훌륭했지."

"선생님은 홀에서 마시고 저희는 골방에서 마셨는데 그것도 아셨어요?"

"어찌 몰랐겠냐? 네놈들이 방에 있으면 우리가 서둘러 피해줬지. 껄껄껄."

대학 시절 여름방학이 되어 다시금 친구들이랑 그 집을 찾았다. 예전처럼 술 주전자와 총각김치가 먼저 나왔다. 이번엔 한 잔을 마시기가 무섭게 안주가 나왔는데, 병치를 얇게 썬 회였다. 막걸리를 한 잔 마시고, 함께 나온 깻잎에 병어 한 점, 듬성듬성 썬 풋고추와 생마늘, 고추장을 넣어 돌돌 말았다. 깻잎 향이 입안에 번지면서, 씹히는 병어의 고소함은 여태껏 맛본 적이 없었다.

화장실에서는 흔들거리다가도, 다시 술자리에 앉으면 취하지 않은 척 허리를 꼿꼿이 세웠다. 오가는 말들이 빨라지다가 느려지기도 했다. 이제 안주는 저 멀리 팽개치고 모두 술잔만 바삐 움직였다. 담배 연기가 미닫이문으로 꾸준히 빠져나갔다. 앗- 뜨거워! 나도 모르게 소리를 버럭 질렀다. 술집에 있던 모든 사람이 우리 쪽으로 눈을 돌렸다. 정신이 번쩍 들었다. 술 한 잔을 들이켠 뒤 담배를 문다는 게, 그만 필터가 아닌 담뱃불 쪽을 입에 물어버렸다.

술 좀 마신다는 사람들은 한두 번쯤 다녀온 전주 막걸릿집 이야기를 한다. 그런데 나에게, 요즘 막걸릿집은 삭막한 느낌이 든다. 얼마짜리를 시켜야 안주를 골고루 맛볼 수 있다는 얘기를 듣고선 조금 당황스러웠다. 주전자 수가 늘어날 때마다 새로운 안주가 나오고, 그러면 그냥 일어나기가 미안해 다시 술을 시키고, 주인은 또 다른 맛있는 안주를 부랴부랴 만들어 주고……. 밀당하듯 자연스레 주고받던 그 시절의 거래(?)가, 지금 생각하면 오히려 더 재미있고 맛깔스러웠다.

  직원이 부친상을 당하여 전주에 조문 차 내려간 적이 있다.

  "조문도 끝났으니, 이곳의 유명한 막걸릿집을 찾아가고 싶습니다. 추천해 주세요."

  조문보다는 전주의 막걸리와 음식에 관심을 두고 먼 길 달려온 직원들. 그래도 그 말투가 귀여워 친절하게 알려줬다.

  깊은 맛과 멋을 지켜내기 위해 애쓰셨던 그 아주머니. 지금 다시 뵐 수 있다면, 막 꽃망울을 터뜨리려는 매화 한 송이를 건네드리고 싶다.

9
눈먼 년의 미나리

현재 우리 현장은 보강토옹벽 공사를 진행한다. 현장 상황을 지켜보고 있자면 답답할 때가 한두 번이 아니다. 토사를 움푹진푹하게 포설해 놓기도 하고, 커다란 암버럭이 들어가도 제거하지 않고 태평하게 일하는 모습에 욕설이 저절로 튀어나온다.

달달 볶아대는 듯한 한여름의 태양이 아직도 중천에 떠 있다. 오늘은 바쁘게 일하는 고모를 도와야겠다고 생각을 바꿨다. 고구마 줄기 껍질을 벗기는 일에 동참했다. 줄기 아랫부분을 뚝 잘라 다시 껍질을 벗기면, 맑고 투명한 듯 속살이 드러난다. 두세 번씩 반복해야 하는 번거로운 작업이다.

"요새 젊은것들은 이거 껍질 하나 벗기는 것도 싫다며, 꼭 이런 것만 찾는단다."

커다란 광주리에 빙빙 돌아가며 고구마 줄기 다발을 채우면 가운데 부분이 약간 오목해진다. 그곳에 껍질을 벗긴 줄기들을 담은 소쿠리를 얹으면 시장에 갈 채비가 끝난다. 고모는 저녁 장을 보러 가기 전에 마루에 앉아 담배를 한 대 피우신다. 꼭 절반쯤 태우시고는 엄지와 검지로 담뱃불을 꾹 눌러 끄고, 꽁초를 비닐로 싼 담뱃갑에 다시 넣으신다.

"늦을라. 빨리 가야 한다."

마루에서 토방으로 내려서면서 따리 끈을 입에 물고 얹으신다. 마루에서 기다리던 나는 커다란 광주리를 힘들게 들어 고모 머리 위에 올린다. 양손으로 광주리를 살짝 움직이며 균형을 잡으신 후 "됐다."라는 말씀과 함께 손을 놓는다. 이어 고모는 돌아서서 쌩하며 나가신다. 얼마나 무거우실까? 40여 분을 바삐 걸어야 하는 그 먼 길…….

고모는 일제 강점기에도 초등학교를 졸업했다. 그래서 대동아 전쟁에 끌려간 동네 어른들의 아들들에게 편지를 대필해 줄 수도 있었다고 자랑삼아 이야기도 했다. 물론 답장을 읽어주면서 함께 울었다는 얘기도 했다.

해방되기 일 년 전, 고모는 방직 회사에 다니는 청년과 백년가약을 맺었다. 그런데 1945년 8월 15일에 출산한 아들과 함께 단란하게 살아가던 고모의 신혼 생활은 느닷없이 끝이 났다. 전쟁이 발발하기 직전, 경찰서에 끌려간 뒤로 남편의 생사를 알 수 없게 되었다. 어린 아들과 아빠 없이 태어난 딸까지, 남매를 홀로 키우기 시작한 때가 20대 초반이었다. 그때부터 인근 전답을 일구며 자식들을 키워야 하는 고단한 숙제가 고모에게 주어진 것이다.

초등학교에 다닐 때 어머니께 물은 적이 있었다.

"젊은 날에 홀로된 자기 딸을 할아버님은 왜 재가시키지 않았데요?"

"전매청에 어렵게 취직하여 다니게 되었다고 고모가 고하자, '남녀가 함께 근무하는 곳이니 바람이 나 애들을 팽개치고 집을 나가는 게 훤하다. 당장 그만두라'라고 소리를 치셨단다."

어린 내가 봐도 정말 억지스러운 결정이었다.

그래도 고모는 낙천적이어서 전답을 일구며, 그 수확물을 시장에 직접 내다 팔면서도 힘든 내색을 하지 않았다. 술과 담배로 어려움을 달래곤 했지만, 조카가 소풍 가는 날에는 항상 김밥을 싸주셨다. 양은 도시락에 차곡차곡 채워진 그 김밥이야말로 최고의 성찬이었다.

언젠가 고모가 고향 집 김장을 도와주기 위해 온 적이 있다. 할머니와 파, 생강 등을 함께 다듬으며 정겹게 얘기를 나누었다. 나도 두 분 사이에 비집고 들어앉아 쪽파 다듬기를 거들었다. 일이 지겨워져 핑계를 대며 일어서려는데 고모님이 부르신다.

"어이 장손, 이게 다듬은 거냐?"

"……."

"꼭 눈먼 년 미나리 다듬듯 했구나."

10
나는 떠납니다

절대로 망할 것 같지 않던 은행들과 재벌 그룹사들의 기자회견을 바라보았다. IMF가 온 나라를 휩쓸던 시절이었다. 경주 남산의 남쪽 자락 골프장 공사도 딱 멈추었다.

직원들은 미래를 고민하며 불안한 하루하루를 보냈다. 여기저기 파헤쳐진 땅은 꿩들의 사랑놀이 무대가 되었다. 불안한 적막이 숨을 막듯 짓눌렀다. 본사에서는 직원들을 하나씩 불러올렸다. 사직을 권고하는 자리였다.

전화를 건네받은 내게 본사 명령이 하달되었다. 누구를 다음 주 월요일 자로 본사 발령을 낼 테니 준비해서 출근토록 하라는 내용이다. 잠도 제대로 못 자고 함께 땀 흘리며 고생하던 부하 직원에게 그 말을 꺼내는 일이 정말 쉽지 않았다. 그해 겨울은 회식과 환송을 수시로 반복하며 우울하게 보냈다.

강보에 싸여 이사 온 아이가 어느새 아장아장 걷고, 울음을 터뜨리는 모습을 보면, 괜히 내가 더 열심히 살아야겠다는 다짐이 들곤 했다. 업무가 끝나기 무섭게 직원들에게 사무실을 빨리 나가라고 소리치기도 했지만, 그들이 과연 그 이유를 알고 있었을까? 누군가 서울 본사로 발령이 나게 되면 아이들부터 한 명씩 안아주었다. 하지만 방에 돌아와선, 결국 눈물을 훔치고 말았다.

IMF가 할퀴고 지나가며 남겼던 상처와 기억들이 희미해질 무렵이었다. 이른 봄이라 아직도 바람 끝이 차가운 날이었다. 집에 거의 다 왔을 때 휴대폰에 메시지 한 통이 왔다. ○○○부고였다. 사랑스러운 후배의 죽음을 알리는 내용이었다.

집 인근의 대형 병원으로 황망히 달려갔다. 그렇게 건강하고 활달하던 놈이 왜, 갑자기……. 아무리 생각해도 이해할 수 없는 하루였다. 벽에 조용히 기대어 있던 건, 하얀 티셔츠를 입고 환하게 웃는 영정사진 하나뿐이었다.

저녁마다 빈소에서 지인들과 자리를 지켰고 분당 테제 고갯마루를 넘어 추모 공원에 안장될 때까지 함께 했다. 그렇게 그놈을 보내야만 내 마음이 편할 듯했다. 아장아장 걷던 큰아들은 아비의 죽음을 아는 듯 눈빛이 잠잠했고, 유치원생쯤 되어 보이는 동생은 어미의 검은 치마만 붙들고 빙빙 돌았다. 헤어질 때, 말 대신 두 놈의 작은 머리통을 꼭 감싸 주었다.

모두가 떠난다.

나도 떠난다.

11
凹凸 요철 주의

광화문 거리, 선남선녀들이 팔짱을 끼고 신나게 떠들며 지나간다. 트리의 크고 작은 전구들이 예수님의 탄생을 축하하고 있다.

그들을 멍하니 바라보다가, 천천히 시선을 책상 위로 옮긴다. 아마 연휴가 끝나 복귀하면, 내 자리도 사라지겠지. 조용히 연말을 반성할 공간이나 찾아보자. 속세와 잠시 등을 지고 산사에 파묻혀, 책이나 읽으며 스님처럼 살아보는 것도 나쁘지 않겠다. 마침 싸락눈이 흩날린다. 겨울철이라 템플스테이도 한산했다. 그렇게 가평 근처의 어느 절에 예약을 마쳤다.

두물머리를 지나 북한강 좌측에 난 길을 따라 한 시간여를 달렸다. 살얼음 위에 어제 내린 싸락눈이 덮여 있었다. 절에 들어서 현관 입구 문간방의 보살님을 찾았다. 거주할 방을 배정받고 주지 스님 방으로 들어갔다. 스님은 내 얼굴을 지긋이 바라보면서 천천히 말씀하셨다.

"머무는 기간 동안 몸과 마음을 내려놓고 편히 쉬세요. 저와 얘기하고 싶으면 저녁 예불 후엔 한가하니 이 방으로 오시고, 편히 쉬다 새벽 예불만큼은 꼭 참석하세요."

실내엔 온기가 있었고 방바닥도 따뜻했다. 책을 읽을 수 있도록 자그만 앉은뱅이책상이 하나라도 있어 다행이었다. 강아지가 사찰 구석구석을 돌아다니며 냄새를 맡았다. 요사채를 좌측으로 돌아가니 대법당이, 거기서 좌측으로 위로 올라가는 길에는 명부전이, 그 위로 더 올라가면 산신각이 자리 잡고 있었다.

산신각 넘어 절집이 끝나가는 울타리에 산으로 올라가는 오솔길이 나 있었다. 길을 따라 그대로 올라갔다. 이마에 땀방울이 흐르고 시야는 점점 넓어졌다. 갑자기 허기가 찾아왔다. 부지런히 내려와 공양간으로 가니 이미 식사가 끝나가고 있었다. 공양주로부터 앞으로는 시간을 잘 지켜야 절밥을 얻어먹을 수 있다는 군소리를 들으며 점심을 해결했다.

책을 폈으나 글자가 눈에 들어오질 않았다. 지난 일 년 회사 일이 머릿속에 영화처럼 상영되었다. 내가 책임을 지고 있는 부서의 업무 성과? 미흡한 점은? 아무리 생각해도 우리 부서의 성과는 지난해에 비해 매출, 이익 등에 있어 우상향 곡선을 그리며 월등히 나아졌다. 그럼, 왜?

사업부장과 두 달 전에 함께 다녀온 중국 광저우와 난징의 일들이 생각났다. 3박 4일 동행하면서 직설적인 항의를 두어 번 했었는데, 그것이 부서장 교체라는 엉뚱한 결과로 이어졌다. 인간에 대한 배신감도 컸다.

회사를 당장 때려치우고 싶었다. 그날 이후 제일 견디기 어려운 점은 깊은 잠을 잘 수가 없는 것이었다. 생각할수록 울화가 치밀어 새벽 2~3시까지 뒤척이다가 수면제를 먹고 잠을 청하는 횟수가 점점 잦아졌다. 6시 알람에 또 일어나 출근을 하면 종일 멍한 시간이 많았다. 도저히 사람이 살 수 없는 생활이 한 달 넘게 이어졌다.

산사에서도 잠은 쉬이 오지 않았다. 그래도 소음 없는 깊은 산속에서 눈을 감았다 뜨니 정신이 맑아지는 듯했다. 아침저녁으로 경건하게 살아보기로 했다. 휴대폰을 끄고 산책과 녹서로 시간을 보내다 보니 시궁창처럼 독기가 피어오르던 마음도 조금은 진정되었다.

산사 이틀째, 새벽 예불에 참석했다. 겨울 산사의 새벽은 무덤 속처럼 고요했고, 하현달만큼이나 창백했고 뼛속까지 시렸다. 가운데 스님과 좌측엔 두 분 보살님, 우측엔 옆방의 처자가 스님을 따라 참배하고 있었다. 뒤편에 높이 쌓아놓은 길쭉한 방석을 가져다 처자 옆에 자리를 잡고 눈으로 흘긋흘긋 바라보며 절하는 흉내를 냈다. 처음 해보는 큰절은 어딘지 어색하고 힘들었다. 스님이 목탁을 두드리며 읊조리는 독경 소리를 한참 들었다. 무슨 말인지, 무슨 뜻인지 알 수 없지만 리드미컬한 운율을 타고 넘는 목소리에는 그간의 관록이 묻어나는 듯했다.

힘든 예불이었다. 서둘러 법당을 빠져나가려는데 스님이 웃으며 절하는 법을 다시 배워야겠다고 처자와 나를 불러 세웠다. 스님이 가르쳐 주는 대로 호흡까지 따라 하다 보니 그냥 할 때와는 비교가 되지 않을 정도로 힘이 들었다. 절이 아니라 운동이라는 생각이 들었다. 법당문을 열고 나온 절 마당은 여전히 캄캄했다. 달만 서쪽으로 한자만큼 기울었다. 공양간에서는 형광등 불빛 아래 수증기가 솟아오르고, 그 사이를 오가는 분주한 움직임이 보였다.

셋째 날이었다. 사찰 생활이 익숙해졌는지, 앉은뱅이책상도 편안해졌고 방도 조금은 아늑해졌다. 차분한 마음으로 책을 읽다가도 아직은 지난 일들이 갑자기 떠오르곤 했다. 책을 밀치고 가만히 눈을 감았다.

산사에 며칠 머물며, 살아온 삶의 때를 단번에 벗겨내려 했던 시도가 잘못됐다는 걸 깨달았다. 사람은 부딪치며 살아가게 마련이라는 사실을 이제는 인정하고 받아들이기로 했다. 그렇게 마음을 내려놓자 조금씩 진정되는 기운이 느껴졌다.

문을 활짝 열자, 절 마당엔 볕이 가득 차 있었고, 산비둘기 한 쌍이 잣나무 숲을 향해 유유히 날아갔다.

소새끼의 빈자리·숨겨놓은 동굴·기우·바늘귀가 도망갔다·종호네
나이샷!·십 원만·갓빠스시·환한 달·짐을 진 사람들·말대답

12
소새끼의 빈자리

중학교 시절 나는 그놈을 미워하게 되었고, 그 마음은 점점 커졌다. '그놈도 나와 똑같았으리라.'

아침 일찍 많은 학생이 자전거로 통학할 때였다. 등교 시간이 가까워지면 교문 옆 자전거 주차장은 아수라장이 되었다. 경비 아저씨의 부릅뜬 눈길을 의식하며, 먼저 거치된 자전거에 딱 붙여 세워야지, 묶인 가방을 풀어야지, 자물쇠를 채워야지…. 정신이 없었다. 늦게 도착한 날이면, 김칫국물이 새어 나오는 가방을 안고 죽어라 운동장을 가로질러 뛰기도 했다.

그날도, 그 녀석이 나보다 한걸음 일찍 왔다.

"야! 인마, 니는 나보다 가까운 디 사는 놈이 왜 항상 늦게 댕기냐? 난 멍게 그렇다지만."

"넘 얘기허지 말고 니나 일찍 댕겨라. 이 새끼야."

늦으면 종아리나 손바닥을 맞는 벌이 기다렸다. 그런 상황이 반복되자 갈수록 그놈이 점점 더 미워졌다. 매번 약을 올리는 그놈 태도가 영 맘에 들지 않았다. 같은 반은 아니지만, 초등학교를 같이 다녀 친하게 지내야 하는데, 오히려 그 반대였다.

전주고등학교와 한 울타리에 있는 전주 북 중학교가 명성이 있어 공부 잘하는 학생들이 그리로 먼저 지원했다. 떨어진 수험생들로 채워진 우리 학교는 제대로 된 학생을 뽑을 수 없었다. 그런데 입시가 추첨제로 바뀌면서, 중학교들 사이의 경쟁이 치열해졌다. 그래서 대부분의 중학교에서 특수반을 만들었다. 특수반 위주로 교과를 편성하고 지원하다 보니, 다른 반 아이들은 불만이 클 수밖에 없었다. 그 녀석도 학교의 특수반 편애에 불만이 많았고, 그게 내게로 향했는지도 모르겠다.

초등학교 6학년 여름, 동네 친구들과 함께 십여 리 떨어진 녀석이 사는 동네로 놀러 갔다. 땡볕이 쏟아지는 오후라 무척 더웠다. 황방산을 끼고 흐르는 냇가에서 시원하게 멱을 감으며 놀았다. 모두 허기진 채로 그 친구네 집으로 갔다. 소를 서너 마리나 기르고 있었다.

나란히 줄지어 선 막대기에 몸을 지탱하며 빨간 토마토들이 주렁주렁 매달렸다. 바로 옆 고랑 너머에는 참외가 열렸다. 친구는 그 앞에서 호기를 부렸다.

"느네들 배고픈 게, 배 터지게 실컷 따 먹으라 잉?"

우리는 달려들어 따끈따끈한 토마토를 씻지도 않은 채 바로 입에 넣었다. 이빨로 대충 껍질을 벗기고는 참외도 베어 물었다. 이가 시린 아삭한 맛은 아니었지만, 그 순간만큼은 배고픔도 더위도 잊었다.

"야! 너 이따가 느네 엄마 오면 난리 칠 것인디 어쩔래? 인자 큰일 났다."

"우리 칭구들이 와서 먹는디 누가 뭐라고 허냐? 울 엄마? 걱정 마라 잉."

가을로 접어든 하늘은 푸르고 쾌청했다. 다음 주 소풍을 앞두고 마음이 들뜬 토요일 아침이었다. 그날도 어김없이 자전거 주차장에서 녀석을 만났고, 오후에 초등학교 운동장에서 맞짱을 뜨기로 약속했다. 초등학교에는 작은 운동장이 있었고, 중·고등학교는 훨씬 넓은 운동장을 따로 사용했다.

수업이 끝나자마자 그곳으로 달려갔다. 결투에 합의했다. 정정당당히 서서 주먹과 발로만 싸우자고 했다. 2~30분을 싸웠다. 고등학교 운동장에서 축구하던 형들이 하나둘 모여들어 구경했다.

"야! 인마, 꼬맹이들아. 그만 싸워라! 이제 지칠 때도 되지 않았냐?"

"야! 오늘은 니 운 좋은 줄 알아라. 이젠 그만하자."

누가 먼저랄 것도 없이 서로가 서로에게 말하고 멈췄다.

"야! 이놈들, 인제 조용히 집에 가라 잉? 가다가 또 싸우면 느네 선생님께 일러버린다. 알았제? 너희들 이름표 다 봐뒀다 잉."

책가방과 벗어 놓은 옷을 챙겨 입으며 자전거 주차장으로 향했다. '더 싸울 힘이 있냐? 이젠 걸을 힘도 없다.' 나는 속으로 중얼거렸다. 꽉 차 있던 주차장에 두 대의 자전거만 썰렁하게 남았다.

서울의 직장에서 일할 때였다. 설 명절 티켓을 예매해야 했다. 회사에 갓 입사한 처지라 고속버스 정류장에 갈 여유가 없었다. 그래서 가까이에 있는 고향 친구에게 수소문했다. 녀석에게 자가용 빈자리가 있는지 물을 수밖에 없었다.

"니가 탈 자리가 얼마든지 있응게 걱정 말고 함께 가자 잉."

다른 친구 둘이랑 휴게소마다 들러 배를 채우고, 신나게 떠들며 고향으로 향했다. 10년 전 서로 싸웠던 얘기는 하지 않았다. 얘기를 꺼내기가 민망했다. 운전기사로 일한다는 그 친구 덕분에, 그해는 편하게 고향을 방문할 수 있었다.

'지금쯤 다시 만나면 무슨 얘기를 먼저 할 수 있을까?' 여태껏 살아온 얘기, 뜨거운 토마토와 참외를 따 먹던 얘기, 아마도 신나게 싸웠던 얘기를 맨 먼저 하게 될 것이다. 그땐 왜 그리 미워했는지…. 그렇게 실컷 때리고, 실컷 맞고 나니 그동안 쌓였던 분이 풀렸던 모양이다.

그놈과의 네 번째 만남은 불가능해졌다. 운전기사 일을 접고, 자그만 사업체를 꾸린 녀석이 심장마비로, 저세상으로 바삐 떠났다는 소식이 들렸다. 초등학교 때 자기 동생이 먹던 우유 통을 뺏어, 갓 낳은 송아지에 물려주었다고 해서 '소새끼'란 별명을 얻을 정도로 다정다감한 놈이었는데….

그 별명을 다시 읊조려 본다.

"소새끼야! 보고 있냐?"

13
숨겨놓은 동굴

1

정월 대보름 이른 아침에, 할머니는 간단한 제물들을 담은 큰 광주리를 머리에 이고 십여 리 떨어진 산으로 향했다. 나 또한 물건을 하나씩 나눠 들고 동행했다. 향한 곳은 구둣골이라는 계곡, 그곳에서 다시 산으로 30여 분 올라가면 중턱에 커다란 절벽 바위가 있다. 그리고 바위 아래 허리를 낮게 숙여야 들어갈 수 있는 자연 동굴이 있다. 안으로 들어갈수록 폭도 넓어지고 서서 걸을 수 있을 정도로 천정도 높아진다. 발길을 좀 더 안으로 옮기면 한낮에도 어두컴컴하여 잘 보이지 않는 막장, 그 앞에 제단 형상의 돌, 흘러내린 촛농이 두툼하게 덧씌워져 있다. 동굴 속은 방안처럼 따뜻하고 아늑했다.

광주리에 담아 온 떡, 사과, 배, 고사리나물, 배추나물, 무나물,

김 등을 정성스레 진설하고 양쪽에 촛불을 밝혔다. 제단 앞에 따리를 깔고 당신의 양 무릎을 내려놓으셨다. 두 손을 모아 천지신명님께, 알 듯 모를 듯한 어조로 빌었다. 가족 이름이 하나씩 들리는 것도 같았다. 인자했던 할머니도 그때만큼은 장난을 허용하지 않으셨다. 촛농이 흘러내려 심지가 바닥 돌에 드러누울 때쯤에야 할머니의 기도는 끝났다. 제물 중 일부를 바위 사이로 던지고 일부는 우리가 먹고 다시 산에서 내려왔다. 할머니께서는 동굴을 오가는 동안 종종 말씀하셨다.

"내가 이렇게 산신령님께 정성을 들여 너희들이 태어났고, 무럭무럭 잘 크는 거란다."

우리 가족만을 위한 행사를 치렀으니 든든한 백이라도 생긴 듯 우쭐해졌다. 이 신년 의식을 앞으로도 이어갈 수 있도록 동굴을 숨겨놓고 싶었다. 당시에는 할머니의 기도대로 모든 게 이루어진다는 굳은 믿음이 있었다. 퀴퀴한 냄새와 음습한 이미지와 달리, 동굴은 내게 늘 신령스럽고 아늑한 공간이었다. 고향을 오갈 때면, 굴이 자리한 구둣골 산을 멀리서 바라보곤 했다. 무심히 스치는 풍경 속에서도 그 산은 늘 가슴 한편에 자리한 기억처럼 마음을 붙잡았다.

2

오랜만에 시골집 오롯한 어둠 속에 숙면했다. 오늘 드디어 동굴을 찾을 계획이었다. 차를 계곡 언저리에 세우고 주변을 둘러보았다. 이른 시간이라 논밭을 오가는 건 서늘한 바람뿐이었다.

아래쪽에서 올려다보니 동굴 입구를 몇 겹의 안개가 감쌌다. 축축한 장막을 조금씩 걷어 내며 한 발씩 걸음을 옮겼다. 부스러진 돌이 깔린 오르막 산길은 걷기가 수월치 않았다. 몇 번 숨을 고르며 땀을 닦아낸 후에야 겨우 동굴 입구에 다다랐다. 한 번도 혼자서는 들어가 본 적이 없는 곳, 부정한 몸이 가까이 다가가면 천지 신령님이 진노하시지 않을지, 그리하여 이곳에 영원히 갇히게 되지는 않을지 두려움이 앞섰다. 그래도 제단에서 우리를 위해 열심히 비셨던 할머니를 떠올리며 입구로 향했다. 허리를 꺾고 무릎도 구부린 엉거주춤한 자세가 되었다.

동굴 안은 캄캄했다. 등 뒤로 따라 들어온 옅은 빛 때문에 오히려 앞이 더 보이지 않았다. 세상으로부터 단절된 그곳에는, 귀기 서린 공기가 흘렀다. 생소한 어둠이었다. 가만히 서서 동굴의 소리와 냄새에 집중했다. 퀴퀴하고 습한 냄새, 서늘한 적막을 깨고 똑-ㅇ 똑-ㅇ 똑-ㅇ 물방울 떨어지는 소리. 동굴의 울림통으로 냄새와 소리는 수많은 메아리를 만들었다. 등골이 움찔했지만, 용기를 내 조금 더 안쪽으로 들어갔다.

언젠가부터 어둠 속에 섞여 있는 가느다란 향 내음이 느껴졌다. 눈을 감고 냄새의 진원지를 가늠해 보았다. 그런데 눈을 감고서야 보이는 풍경이 있었다. 간단히 차려진 제물과 촛불, 제단 앞에 할머니가 무릎을 꿇고 계셨다. 반듯하게 가르마를 타고, 둥글게 모은 뒷머리에 은비녀를 꽂은, 예전 모습 그대로였다. 할머니의 기도에 신령님이 화답하는지 촛불은 쉬지 않고 너울거렸다. 양손을 모아 빌며 고개를 숙일 때마다 천정에 투영되는 할머니 그림자는 커졌다가 작아지기를 반복했다. 감히 말을 붙일 수 없어, 나는 다소곳이 양손을 모으고 서 있었다. 할머니를 바라보고만 있어도 내 빛바랜 상처에 새살이 돋는 듯했다.

어둠에 눈이 적응하자 동굴 안의 윤곽이 서서히 드러났다. 바닥에는 제단의 돌, 전면에는 불규칙하게 튀어나온 바위들로 이뤄진 막장, 안쪽에는 자그만 물길, 바위틈에 붙어 있는 이끼, 개고사리 하나가 안쓰러운 모습으로 허공에 손을 뻗으며 자라고 있었다.

14
기우

"여보세요?"

"태익이냐?"

"네."

"현승이, 민선이는 밥 잘 먹고, 학교 잘 댕기냐? 민선 에미도 잘 댕기고? 니도 별일 없지? 운전 조심해라, 차 끌고 댕기는 사람은 항상 조심혀야 헌다. 테레비서 사고 나는 거 봉게 무섭더라."

컬러링처럼 반복되는 시골 어머니의 이야기다.

언제부터인가 어머니와의 통화에서 자그만 변화가 감지되었다. 컬러링은 똑같았지만, 다음에 이어지는 말씀이 일상사가 아니었다. 새벽에 일어나면 자식들 걱정 때문에 다시 잠을 잘 수가 없어 힘들다는 것이었다. 큰누나네 집에서 시작된 이야기는, 미국에 사는 남동생 얘기까지 이어졌다. 어느새 회사에 도착해 있었다.

"엄마! 이젠 끊어야 해요. 제가 보기엔 다 괜찮으니 그런 걱정

일랑 전혀 하지 마시고, 끼니때 맛있는 것 챙겨 드시며 어머님 건강이나 챙기세요."

나 또한 오만가지 걱정 때문에 잘 수가 없다. 서너 시간씩 이불 속에서 뒤척이다 보면 창문 너머로 어둠이 옅어진다. 아침이 올 무렵 눈을 붙이면, 잠이 들자마자 어김없이 알람이 울린다. 꾸벅꾸벅 졸면서 하루를 몽롱하게 보낸다. 이게 뭐 하는 거지? 진보 후보가 대통령에 당선되어, 우리나라가 밝음과 공정의 세계로 진입할 수 있기를 진심으로 바랐다. 뜻이 제대로 이루어지지 않았다.

선거가 끝나고 며칠 동안은 잠을 제대로 잘 수가 없었다. 언제 잠을 청하든 2시, 3시에는 어김없이 깨어났다. 평상시에는 들을 수 없는 소리가 귀에 훤히 들어왔다. 수서-분당선을 따라 이어지는 차량 소음이, 이미 뒤틀린 심사를 더욱 거칠게 헤집었다.

자식들의 행복을 위해 평생을 고민하셨던 어머니. 나는 그 크고 따스한 사랑을 등에 업고 여기까지 왔다. 어머님이 계셨기에 가능한 길이었고, 생각할수록 눈물겹게 감사한 마음이다.

나라를 걱정하는, 어쩌면 지나치게 넓은 내 오지랖도 그저 기우이기만을 바란다. 개나리와 벚꽃은 올해도 어김없이 피어나겠지. 어머님이 사랑하던 그 봄처럼, 세상도 다시 환해지기를 간절히 기도한다.

15
바늘귀가 도망갔다

　북풍이 사정없이 몰아친다. 두 겹의 비닐을 뚫고 창호지마저 통과해 안방으로 뛰어든다. 뒤척이다 눈을 뜨면, 등잔불 아래에서 할머니는 구멍 난 양말을 한 땀 한 땀 깁고 계셨다.

　저녁이 되면 매일 해야 하는 업무가 나에게 있었다. 큰 방과 부엌에 걸려 있는 호롱불 두 개를 걷어, 그을음을 깨끗이 닦는 일이었다. 걸레질할수록 유리가 새것처럼 투명해졌다. 이어 호롱불에 석유를 채워야 했다. 대병 속에 호스를 담그고 입으로 빨아 재빨리 넣어야 했다.

　조도가 높은 호롱불은 함께 저녁 식사를 하거나 숙제할 때만 사용했다. 평소엔 등잔불로 해결했다. 새벽녘, 끝내지 못한 숙제를 하려고 일어나면, 할머니는 바늘에 실 꿰는 일을 내게 시켰다. 그리고 어두운 데서 글씨를 보면 눈이 나빠진다며, 날이 밝으면 하라고 말씀하셨다.

아침 식탁에서 이상한 일이 벌어졌다. 밥알이 뭉개져 하얗게 보였다. 무심결에 눈을 비비며 초점을 맞춰 보려 애썼지만, 여전히 또렷이 보이지 않았다. 이러다 눈이 점점 멀고 마는 것은 아닌지, 겁이 덜컥 났다. 그날은 조금 일찍 퇴근하여 동네 안과로 달려갔다. 이런저런 검사를 마친 후에 여의사가 한 마디 던졌다.

"눈에 이상이 있는 것은 아니고요, 나이가 들면서 노안이 시작된 것입니다. 회사 생활하면서 눈을 많이 사용하고 있나요?"

"예전에는 그랬지만 지금은 그렇지 않습니다."

"안경 처방전을 써 줄 테니 불편하면 하나 맞추세요. 나도 이제 저녁이 되면 글씨가 잘 안 보여 안경을 쓴답니다."

갑자기 멍해졌다. 노안이라……. 그러면 이제 돋보기를 써야 하는 거야? 충격이었다. 이렇게 늙어가는구나.

인류는 오래전부터 불로초를 찾아 세상 끝까지 헤맸다. 하지만 그 소원을 이뤘다는 기록은 아직 없다. 결국 정답은, 자연의 흐름 속에서 평범한 하루를 충실히 살아가는 삶이 아닐까?

엊그제 바지 뒤 단추를 고쳐 달려고 바느질고리를 찾았다. 바지 색에 맞는 실은 바로 찾았으나, 바늘귀에 실을 꿰는 건 번번이 실패였다. 결국 두툼한 안경의 도움을 받아야 했다.

하지라 아침부터 무더위의 기세가 무섭다. 점심상에 올라온 시원한 오이냉국에 쪼그라졌던 얼굴이 조금 펴졌다.

16
종호네

　전주 시내에서 초등학교를 졸업해야 전주의 중학교에 진학할 수 있는 제도가 생기면서, 나는 4학년이 되던 3월에 시골을 떠났다. 누나와 동생도 전주에서 생활해야 했기에, 아버지는 고모 집 옆에 새로 집을 지으셨다. 시골의 사랑채를 통째로 옮겨 짓는 것이었다. 창고와 대문간, 사랑방 큰방과 윗방 그리고 외양간. 슬레이트를 덧대어 각 5개의 방과 부엌을 만들었다. 그중 두 칸은 우리 가족이, 나머지 방들은 세를 놓았다.

　왼쪽 끝방의 종호네 집은 평상시는 조용한데 이따금 부부싸움을 크게 하곤 했다. 종호 아빠는 가끔 들르셨다. 들러도 대부분 저녁만 먹고는 곧장 떠나기 일쑤였다. 그가 오는 날이면 어김없이 큰 소리의 다툼이 들려왔다. 곧이어 울음을 터뜨리는 종호를 고모가 달래며 물었다.

　"니 엄마는?"

"엄마는 집을 나갔어요."

종호 아버지는 도청의 운전기사였다. 후처를 들여 낳은 아들이 종호였다. 그 가족은 넉넉한 형편이 아니었다. 아들만을 원했었는데, 핏줄을 낳은 제 어미를 박대할 수 없어, 이런 날이 계속된다고 들었다. 종호를 재우고 나오면서 고모가 우연히 화장대에 놓인 수첩을 발견했다. 근 1년간 그 애 아빠가 지원한 쌀과 금액이었다. 그것을 본 고모는 한숨을 쉬셨다.

어느 추운 밤이었다. 쾅쾅 문을 두드리는 소리가 들렸다. 살짝 바라보니 낯모르는 아주머니가 종호네 방문을 두드리는 것이었다. 잠시 후 두 여인의 몸싸움 소리가 들렸다. 그때 헐레벌떡 종호 아빠가 달려왔다. 그 아주머니는 떠나고 종호 엄마 아빠는 잠시 얘기를 나누는 듯했다.

본처가 찾아와 소란을 피우는 바람에, 동네엔 순식간에 소문이 퍼졌다. 얼마 지나지 않아, 종호네는 조용히 이사를 갔다. 나를 형이라 부르며 졸졸 따라다니던 종호도 함께 사라졌다. 그 후 그의 소식은 듣지 못했다. 서글서글한 눈매에 해맑은 웃음을 머금고 뒤따르던 종호의, 크고 맑던 눈망울이 지금도 가끔 떠오른다. 지금쯤이면 그도 느긋한 중년이 되어 있겠지.

17
나이샷!

김 과장은 매너리즘에 빠져 있었다. 시도 때도 없이 이어지는 음주 문화에 지쳐, 점점 생기가 사라지고 있었다. 사장은 경주 남산 끝자락 외동의 골프장 현장으로 발령을 냈다. 50여만 평에 이르는 산속 공사 현장이었기에, 사륜구동 지프차랑 구매 발주서도 서둘러 기안했다. 업무에 쓸 여러 종류의 서류들도 빠짐없이 차에 실었다.

주위 동료들은 하나둘 골프에 빠져들었다. 허영심의 발로라고 생각한 김 과장은 그들을 외면했다. 그들이 필드에 다녀온 뒷얘기를 나눌 때면 살며시 자리를 떴다. 그랬던 그가 골프장 조성 현장으로 발령이 난 것이었다. 골프를 멀리했던 지난날이 그렇게 후회스러울 줄 몰랐다.

현장 업무가 모두 자리를 잡아갈 무렵, 김 과장은 숙소 인근의 골프 연습장을 찾았다. 퇴근 후 매일 들렀다. 입문자에게는 아이

언으로 시계추처럼 천천히 스윙하는 기초 동작만 허락되었다. 재미는 눈곱만큼도 없었다. 강사가 잠시 자리를 비운 사이, 김 과장은 참지 못하고 멀리 한번 쳐보았다. 공이 시원하게 날아가자, 그제야 뭔가가 뻥 뚫리는 듯 스트레스가 조금 풀렸다. 하지만 잠시 후 돌아온 강사는 마치 귀신같이 그 사실을 알아챘다.

"단계별로 배우는 시기가 있으니, 지금은 시키는 것만 따라 하세요. 성급하게 마음먹지 마시고. 골프 한두 번 치고 말 거예요? 평생 칠 것 아닙니까?"

3개월여의 악전고투 끝에, 드디어 머리를 올리는 날이 왔다. 사부님을 모시고, 경주 보문호수 옆 신라CC로 세 명이 문하생이 뒤따랐다. 나이로 보면 30 후반의 김 과장이 제일 잘 쳐야 하지만 그렇지 않았다.

강 사장이 페어웨이 한가운데로 볼을 멀리 날렸다. 이를 지켜보던 두 김 씨는 콩닥거리는 가슴을 애써 진정시켰다. 김 사장은 골프 장갑을 벗었다가 끼기를 반복했고, 김 과장은 담배를 연거푸 빨아댔다.

이어서 김 사장이 올라갔다. 볼에서 조금 떨어져 두어 번 빈 스윙으로 몸을 풀었다. 이윽고 그는 힘차게 다운스윙했다. 딱! 소리와 함께 볼은 하늘 높이 솟구쳐 올랐고, 김 사장의 헤드가 한 바퀴 크게 돌았다. 그 원심력을 이기지 못한 김 사장은, 따라 돌면서 티박스에 철퍼덕 드러누웠다. 티샷한 볼은 한참 떠 있다가, 고작

10m 앞에 떨어졌다.

　골프는 사람에 따라 호불호가 극명하다. 골프장 건설이 아름다운 자연을 파괴하고, 가진 자들만이 누리는 차별의 아이콘처럼 여겨지기도 한다. 그 이면에는 치열한 경쟁과 집중이 숨어있다. 자치기, 구슬치기, 야구, 당구처럼 누구나 온 힘을 다해 몰입하게 만드는 공간이기도 하다.

　스크린 골프, 전혀 상상치 못한 대용품이 나타나 먼 나라 스포츠 같았던 골프가 친숙해졌다. 덕분에 마음 맞는 사람끼리 만나 바로 즐길 수 있으며, 비용도 필드 골프의 1/10 정도다. 이것이 젊은이들의 골프 입문을 폭발적으로 늘렸다. 더구나 코로나로 각종 모임이 제약받게 되자 더욱 번창하였다. 필드보다 현장감은 덜하지만, 그 아쉬움을 상쇄하고도 남는 여러 장점이 있어 만족하는 듯하다.

　장년층 중에는 골프만큼 좋은 운동이 없다는 옹호론자도 있다. 다수의 사람이 교통지옥과 아파트라는 공간에서 복작거리며 살아간다. 그러다가 산 아래 구름을 내려다보며, 넓고 파란 잔디밭을 향해 볼을 날리는 상상만으로도 하늘을 나는 듯하다는 것이다.

　노년의 김 전무는 이제 골프에 관한 생각이 많이 달라졌다. 30여 명의 친구가 만나 건강과 아이들 혼사, 손주 키우기 등의 소소한 환담을 하며, 가벼운 내기를 하는 라운딩이 더없이 즐겁다. 라운딩 후 친구들이랑 클럽하우스에서 시원한 소맥을 한 잔 마시면 세상을 모두 가진 듯 행복하다.

  이제 손주와의 라운딩을 준비하는 김 전무다.

18
십 원만

-상략-

주판을 굴리시던 아버지께 두 손 모아

"십 원만!"하고 외치면

꿀밤 대신 떨어지던 십 원

눈깔사탕 녹이며 집에 오던 길

한 시간하고 삼십 분

실은 사탕보다 눈빛이 그리워 갔더랬다

-중략-

이젠 십억으로도 못 보는

눈빛이 그리운 날

- 「십 원짜리 눈이 내리는 날」* 중에서

* 이장근, 『꿘투』, 「십 원짜리 눈이 내리는 날」, 삶이보이는창, 2011.

만 여섯 살이 되어 초등학교에 입학했다. 엄마 빼고는 무서워하는 사람 없이 살아왔다. 그래서인지 똑똑 잘라 말하는 선생님의 인상이 무척 낯설었다. 그렇지만 새로운 친구를 사귀는 일은 무척 재미있었다. 집에 가는 길에 <학고방>이라는 작은 가게에 친구들이 우르르 몰려 있었다. 주인아주머니가 커다란 유리그릇 안의 하얀 눈깔사탕을 한 주먹 집어 들고, 기다리던 친구들에게 몇 알씩 나누어 주고 있었다. 10원을 내는 사람에게 사탕을 10개씩 파는 것이었다.

"맛이 있냐?"

"너도 나중에 사탕 사면 나한테 하나 줘야 한다."

애처로운 표정을 지어 겨우 한 알을 얻어먹을 수 있었다. 혀로 살살 굴리며 집에 도착할 때까지 그 사탕을 아껴가며 빨아 먹었다.

다음 날, 그 점방을 보니 어제 먹었던 사탕 생각이 났다. 아버지를 쫓아가 '십 원만!'을 외쳤다. 아버지는 두말없이 10원을 주셨다. 집에 갈 때 눈깔사탕 10개를 사서 혼자 먹을 생각을 하니 입이 다물어지지 않았다. 부러워하던 녀석들에게도 한 알씩 나눠 주었다. 물론 말을 잘 들을 것처럼 생긴 녀석들에게만.

아버지에게 수시로 돈을 달라고 했다. 운동장에서 마주쳐도, 아니면 교무실 문을 열고 들어가서라도, 거리낌 없이 손을 내밀었다. 그렇게 1학년을 재미있게 보내고 있을 때 사건이 터졌다. 그 날도 양쪽 주머니에 사탕을 가득 채우고 집에 가는 길이었다. 마침, 3학년 누나랑 동행하게 되었다. 무슨 일 때문이었는지는 기억나지 않지만, 누나와 심하게 다투었다. 보통은 누나에게도 몇 개씩 사탕을 나눠주곤 했는데 그날은 한 개도 주지 않았다. 누나는 울면서 집에 들어왔고, 그 모습을 수상히 여긴 어머니가 까닭을 물으셨다. 나는 모른 척 시치미를 뗐지만, 끝내 어머니에게 들켰다. "어디서 그런 못된 버르장머리를 배워 집안 망신을 시키냐." 라며, 눈물 콧물이 쏙 빠지도록 혼이 났다.

그날 저녁이었다. 잠시 숨을 곳을 찾다가 건넛방의 붙박이 옷장으로 들어갔다. 푹신한 이불 사이에 누우니 캄캄했지만, 몸과 마음이 편해지면서 노곤했다. 그만 깊은 잠이 들어버렸다. 매타작 당하느라 조금 피곤하기도 했었다.

식구들은 온 동네를 이 잡듯 헤매고 다녔다. 그런 적이 없던 아들놈이 안 보이자, 제일 놀라고 당황하신 건 어머니였다. 동네 사람들까지 횃불을 만들어 찾는 일에 합류했다. 그런 줄도 모르고 곤한 잠을 자던 나는 옷장 밖의 소란에 눈을 떴다. 그리고 그 순간, 누군가 붙박이장 문을 거칠게 열어젖혔다. 아버지였다.

"너 여기 있었구나…." 두 팔을 벌려 나를 번쩍 안아 들더니, 방바닥에 조심스레 내려놓으셨다. 나는 아버지의 얼굴을 제대로 바라볼 수 없었다. 학교에서 "10원만요!" 하며 당신께 손을 내밀었다가, 어머니께 꾸지람을 들은 일이 마음에 걸렸기 때문이다. 그 사실을 아버지도 알고 계신 듯해, 미안한 마음이 먼저 앞섰다.

언제나 다정한 눈빛으로 십 원을 내주시던 아버지의 빈자리는 날이 갈수록 커진다. 그래서 수시로 산소를 찾는다. 정성을 들인 잔디는 여느 왕릉 부럽지 않게 풍성해졌다. 뭉게구름이 저 멀리 보이는 고향 집 지붕 위에 걸터앉아 쉬는 듯하다. 산소 옆 소나무 그늘에서 물을 마시며 숨을 돌리는 나처럼……. 주머니 가득 사탕을 채우고 고샅길을 달리던, 그 옛날의 내 모습이 선명하다. 입안에 다시 침이 고인다.

19
갓빠스시

　바다 한가운데에 인공 섬을 만들고, 그 위에 공항을 짓고 있다는 기사를 토목학회지나 방송에서 종종 눈여겨보았다. 그토록 궁금했던 간사이 공항에 마침내 발을 디뎠다. 일본에서 개발한 지하 굴착 기계를 살펴보고, 효율성을 확인하기 위한 갑작스러운 출장이었다.

　본고장 일식 맛은 어떤지 몹시 궁금했다. 일본어를 모르니 메뉴판을 달라고 해서 고르기로 했다. 메뉴판을 넘기다가 물컵을 넘어뜨렸다. 종업원이 쏜살같이 달려왔다. 자기가 물을 엎지른 것처럼, 연신 미안하다는 듯한 자세를 취하며 물을 닦았다.

　처음 상에 오른 요리는 그야말로 한 편의 예술 작품이었다. 학꽁치 살을 정교히 발라내 뼈를 둥글게 휘게 하고, 그 사이사이에 꽃잎과 살점을 나란히 배열했다. 모두가 "와—" 하고 감탄사를 내뱉으며, 입을 벌린 채 요리를 감상했다. 맛은 서울에서 먹던 것과 크게 다르지 않았지만, 요리 하나하나를 마치 디자인하듯 정성 들여 내놓는 그 정취가 오래도록 기억에 남았다.

양재 IC사거리 <서초 R&D 캠퍼스> 공사를 시작할 때였다. 저녁 먹을 곳이 마땅치 않아 교육 개발원 입구 사거리까지 나가야 했다. 누군가가 일동 제약 뒷골목에, 맛있는 일식집이 있다고 알려주었다.

갓빠스시, 사장은 30 후반의 젊은이였다. 두어 번 방문해 낯을 익히자, 식당 문을 열면 사장은 일하다 말고 달려 나와 방으로 안내했다. 사장이 직접 주문까지 받으니, 나머지 직원들도 발이 닳도록 오가며 손님들에게 정성을 쏟았다. 그 식당의 회와 초밥이 맛있을 수밖에 없었다.

그 집만의 명물은 배숙이었다. 배의 속을 수저로 조심스레 파내고, 그 속에 꿀과 인삼을 가득 채운 뒤 은근한 불에 달인 것. 단골 중의 단골에게만 건넨다며, 사장이 직접 두 손으로 내어주었다. 여러 귀한 손님들을 모시고 그곳에서 식사했다. 모두가 만족해하는 눈치였다. 물론 우리 애들도 그 집에 간다고 하면 열 일을 제쳐두고 따라나섰다.

언젠가 가 보니 사장이 보이지 않았다. 배숙이 나오질 않았고, 손님들을 대하는 모습도 예전처럼 살갑지 않았다. 10년 가까이 숨겨놓고 다니던 단골집이 서서히 멀어지고 있음을 느꼈다.

얼마 전 그 근처를 지날 때 옛날 생각이 나서 뒷골목까지 들어가 보았다. 그 가게는 비빔 국숫집 간판을 달고 있었다. 젊은 사장이 어디 다른 곳에 투자한 게 잘못되어 가게를 넘겼다는 소문을 나중에 들었다.

20
환한 달

대문 바로 앞 도랑을 건너 너른 들판이 이어진다. 들판 끝쯤에 동네를 품고 있는 서산이 있다. 어두워지면, 행여 우측 골짜기 <아장살이>에서 귀신이 나올까 봐 무서웠다. 구릉지대에는 안동 김씨 선대 조상들의 묘가 있다. 조선 시대에 와룡리를 찾아 정착한 7~8대조 할아버지들의 산소다. 그 후대 어른들은 산 위로 올라가면서 자리한다. 부모님까지 거기 모신 이후로는 혼자서 벌초해야 했다.

추수가 막 끝난 어느 날 아침, 온 동네 어른들이 우리 집에 오셨다. 아침 식사와 함께 막걸리를 드시며 들뜬 분위기였다. 초등학교에 갓 입학한 나는 무슨 일인지 궁금해 할머니 치맛자락을 붙잡고 물었다.

"아, 오늘은 네 할아비와 할매가 들어갈 산소를 만드는 날이란다."

"무슨 말씀이에요? 할아버지와 할머니가 이렇게 건강하신데."

무섭기도 했다. 무덤을 벌써 만든다고? 다른 때 같으면 신나게 놀았을 일요일지만, 그날은 오전 내내 찜찜하여 집 안에서 빈둥거렸다. 오후가 되자 일 나갔던 당숙이 집에 오셨다. 대문 옆 평편한 바위에 앉아 계시는 할아버님께 산일이 끝나간다는 기별을 전했다.

"그래? 그럼, 한번 가봐야지"

할아버지 말씀이 끝나자마자 미리 준비했다는 듯, 당숙은 소달구지를 끌고 왔다. 고혈압으로 한 번 쓰러지셨던 할아버지는 지팡이를 짚고 걸음걸이를 하셨기에, 먼 길은 리어카나 소달구지를 이용하셨다. 궁금한 걸 참지 못하는 나도 달구지 위에 얼른 따라 올랐다. 종산 입구에 있는 제실에 도착했다. 그 지점부터는 당숙이 할아버지를 업었고, 나는 지팡이를 들고 그 뒤를 따랐다.

산소 자리는 행랑채와 대문, 안마당, 울안 텃밭 그리고 온 동네, 주변의 논, 밭들을 한눈에 볼 수 있는 풍광이 좋은 곳이었다. 나무를 뽑고 잘라 너른 터를 만들고 가운데 두 곳을 나란히 깊게 팠다. 그 아래 직사각형 모양의 내부는 하얀 석회로 깔끔하게 마감하였다. 붉은 황토에 흰색의 구조물이 대비되어 눈에 확 띄었다.

'아, 저곳에 할아버지, 할머니가 묻히는 곳이구나.' 누가 설명을 해주지 않아도 바로 알 수 있었다. 할아버지는 새로 조성된 묘소에서 집을 바라보며 한참 동안 생각에 잠기셨다.

"유택이 좋다. 모두 고생이 많았다."

땀을 흘리며 일하던 동네 아저씨들은 잔잔한 흥분을 감추지 못하면서 한마디씩 거들었다.

"땅이 습하지 않고 고슬고슬하여 정말 좋습니다."

"바위가 나올까 봐 곡괭이까지 준비했는데, 순전히 황토였습니다."

회사 업무를 조금 일찍 마치고 고향으로 향했다. 그날은 30도를 웃도는 날이었다. 해 질 무렵 시원한 시간에 조부모님, 부모님 벌초를 후다닥 해치울 생각으로 산에 올랐다. 예년처럼 봉분 주변의 일부 잡초를 뽑아 제거하고, 웃자란 잔디만 예초기로 자를 계획이었다. 손을 본 지 두 달이 채 지나지 않았는데, 봉분을 찾을 수 없을 정도로 잡초가 무성했다. 내가 들어갈 자리도 저 근처 어디쯤 될 텐데, 그 봉분은 누가 찾아 벌초하지? 겁이 덜컥 났다. 우선 급한 대로 큰 풀부터 뽑았다. 그러다 보니 예초기를 돌릴 틈도 없이 날이 어두워졌다.

다음 날 새벽, 읍내에서 뼈다귀해장국 한 그릇과 소주, 생수를 챙겨 다시 산에 올랐다. 잡초 뽑기를 그만두고 예초기로 일단 모두 제거하기로 작전을 바꿨다. 전부 편평하게 자른 후에 잡초를 뽑기로 했다. 그 방법이 옳았다. 조부모님에 이어 부모님 산소까지 벌초하다 보니, 벌써 해가 중천에 떴고 오전인데도 기온은 높았다. 온몸에 땀이 배어, 옷이 마치 피부처럼 달라붙었다. 생수를 들이마시며 잠시 숨을 골랐다.

계곡에서 들리는 물소리가 정겨웠다. <처삼촌 벌초하듯 한다.>라는 말이 실감 났다. 그래도 처삼촌 봉분을 찾아가 대충이라도 벌초하는 게 어딘가? 뙤약볕 아래서 벌초를 해본 사람만이 그 심정을 알 것이다.

그동안의 불효와 못난 짓들을 너그러이 품어주시고, 그래도 남겨주신 건강으로 만회할 기회를 허락해 달라며 기도드렸다. 깔끔히 정돈된 부모님과 조부모님 산소 앞에 엎드려, 조심스레 절을 올렸다.

할머니가 미소를 지으며 반겨 주셨다.

"그래, 우리 장손 고생이 많았구나. 덕분에 개운하게 추석 달을 볼 수 있어 고맙다."

21
짐을 진 사람들

좁은 공간에서 시달렸던 사람들이 환한 웃음을 짓는다. 팔도 휘둘러보고 앉았다가 일어섰다, 목을 좌우로 돌리며 가볍게 몸을 푼다.

미끈한 정장 차림의 남, 여가 맨 먼저 다가선다. 50대 후반의 배가 조금 나온 남자와 팔짱을 끼고 다정하게 나오는 젊은 여성이 눈길을 사로잡는다.

황금 목걸이를 번쩍이며, 노인은 캐리어를 한 손에 끌고, 다른 손으론 커다란 핸드백을 움켜쥔 채, 수화물 수취대로 다가온다.

몇몇 아이들이 단거리 경주라도 하듯이 달린다. 이어서 빨리 오라며 할아버지를 재촉하는 할머니의 모습이 보인다.

젊은 학생들, 그리고 단체 여행객들이 신나게 떠들며 합류한다. 조용하던 곳이 왁자지껄해진다. 먼저 와 짐을 기다리던 사람의 인상이 일그러진다.

벨트가 아직 움직이지 않는데도 촘촘히 줄을 선 사람들, 표정과 차림새가 다양하다.

"윙~" 소리를 내며 새까만 고무판이 움직이기 시작한다. 모두 입을 다문다. 눈들이 반짝거린다. 다양한 색깔과 모양의 가방들이 나타난다.

누구는 어깨라도 집어넣으려 아등바등, 또 누군가는 깨끼발로 서서 고개를 빠끔히 들이민다. 자기 가방이 지나가는 것을 조금 늦게 알아챈 한 신사는 주변인들을 제치며 단거리 선수처럼 달린다. 먼저 도착해 자리를 잡았던 이가 알루미늄으로 매끈하게 마감 처리된 가방을 들고 수취대를 빠져나간다.

짐이 연이어 나오기 시작하자 모두 더 바쁘게 움직인다. 자기 가방을 찾고서는 얼굴에 득의만면한 웃음을 띠며 출구 쪽으로 향한다. 머리를 맞대고 핸드폰을 함께 보며 뭔가를 적는 사람도 있다. 일찍이 나타났던 젊은 처자와 중년 사내도 각각의 카트에 가방을 싣고 떠난다.

외국인 관광객 사이에서는 대화가 끊이질 않는다. 단체로 맞춘 트레이닝복을 입고, 가무잡잡한 피부의 젊은이들이 줄을 맞추어 서 있다. 그들의 시선은 훈련병처럼 경직돼 있다. 눈동자만 굴려 주변을 살핀다. 바삐 움직이던 컨베이어 벨트가 이제 멈췄다. 구름떼처럼 몰려들었던 사람들이 하나둘 사라지고 긴 수취대는 고요에 잠겼다. 높은 천장의 조명등 불빛만이 하얗게 쏟아진다.

22
말대답

나: 오늘 불편한 곳은 없지? 지난번처럼 앙탈 부리지 말고 잘 부탁한다.

말: 또 당신이야? 하루 종일 초짜들 태우느라 지쳤다가, 겨우 숨을 돌리려는데 또 날 괴롭히겠다고?

나: 어휴! 그래도 어쩌겠니? 그게 너의 Job인데… 잠시 나랑 호흡 한번 맞춰 보자?

말: 아이고, 이놈의 내 팔자야- 오늘은 삼복더위인데 너랑 씨름 해야 한다니, 벌써 답답하구나. 너 오늘 확실히 해라. 제대로 하지 않으면 털어낼 수도 있으니….

조금 빨리 달리자는 구령에도, 등자에 올린 발뒤꿈치로 배를 쿡쿡 자극해도, 뚜벅뚜벅 평보만 고수한다.

나: 오늘 하루 많이 시달린 것이 사실이구나. 그래도 그렇게까지 날 무시하면 내 마음은? 교관님- 채찍 하나 주세요.

말: 어휴! 네놈도 틀을 벗어나진 못하는구나. 채찍으로 엉덩이를 때리면 내 마음은? 에라잇, 소원대로 달릴 테니 떨어지지 않도록 조심해라!

나: 눈치는 정말 귀신같이 빠르구나. 채찍만 들고 있어도 자동으로 속도가 붙으니… 진즉 달렸어야지.

달리는 말의 리듬에 맞추어 엉덩이를 들어주는 속보는 힘이 들었다. 나는 속보 체질이 아닌가? 이건 뛰는 것도 아니고 걷는 것도 아니니. 구보로 제대로 한 번 달려볼까?

나: 이랴, 달리자.
말: (더그덕 더그덕)

이제야 스트레스가 조금 풀리는 듯하다. 마장 서너 바퀴를 돌았다.

나: 그만 천천히 가자.
말: 무어라? 교관한테 빌린 채찍으로 위협하던 놈이 벌써 지친다고? 난 이제야 겨우 제 컨디션을 찾았는데.

나: 야! 인마, 너는 말 아니냐? 아무리 달려도 지치지 않는… 나를 그렇게 직접 비교하면 말이 되냐?

말: 그래? 그럼, 이제 끝난 거지? 마구간으로 간다.

나: 그렇다고 마구간으로 직행하긴 이르지. 난 한 시간 동안 너랑 놀 권리가 있단다. 조금만 더 달리자.

말: 변덕이 죽 끓듯 하는구먼. 금방 지친다고 해놓고, 지금 또 더 달리고 싶다고? 그럼, 이제부턴 평보다. 재촉하지 마라.

나: 알았어, 알았어- 우리 사이좋게 평보로 가면서 휴식 시간을 갖자.

나: 이제 10여 분 남았다. 마지마으로 한번 달려보자.

말: 자, 달린다. 내 등에 껌딱지처럼 잘 붙어 있어라.

나: 걱정하지 마라! 달리다 머리를 땅에 처박아 날 놀리지나 말고.

나: 휴, 오늘도 고생 많았다. 여기서 물 마시고 있어. 안장을 풀어 홀가분하게 해줄 테니… 어때, 샤워하니 시원하지?

나: (토닥토닥)

말: (다그닥 다그닥)

단어로 오르는 산·벨 일 없죠?·카네이션이 지면·깊은, 답답한 그러나 즐거운
톨레도엔 바람이 분다·공짜는 없다·회초리와 몽둥이·푸른 집 할머니
수면을 날다·멀리 새벽송이 들려온다·붉은 열매들의 합창

23
단어로 오르는 산

주말 아침, 진동으로 맞춰둔 휴대폰이 끊임없이 울린다. 전날 과음 탓에 정신이 몽롱했지만, 옆에서 자는 아내를 깨우지 않으려 조심스레 폰을 들었다. 잡지사에 다니는 후배의 전화였다. 순간 잠이 확 깼다.

지난달 나의 과장된 행동이 화근이었다. 한 달 전, 봄기운 완연한 날, 후배들과 라운딩하며 막걸리를 한 잔 나누던 자리였다. 기분이 좋으니 입이 먼저 열렸다. "요즘 글 쓰는 재미를 좀 알겠다"라는 내 말에, 후배는 기회를 놓치지 않았다.

"선배, 잡지에 글 하나 써주시죠. 건설 현장에서 겪는 안전사고와 극복 이야기를 에세이처럼 풀어주시면 딱이에요."

호기롭게 알았다고 대답했지만, 실제론 입만 움직였을 뿐 펜은 들지 못했다. 머릿속에서만 쓰고 지우기를 반복하다 보니, 약속한 마감일은 훌쩍 지나 있었다. 종이에 남은 문장은, 단 하나도 없었다.

생각해 보면, 글쓰기를 본능적으로 싫어했던 시절이 있었다. 얼굴도 이름도 모르는 국군 아저씨에게 위문편지를 써야 하는 국어 시간이었다. 처음부터 막혔다. 한 시간 내내 머리를 박박 긁으며 고민만 하다가, 결국 황당한 얘기들로 편지지를 채웠다. 담임선생님은 혹시 답장이 올지도 모른다며, 자기 집 주소까지 꼼꼼히 쓰라 당부하셨다.

일기 또한 고역이었다. 방학이 끝날 즈음, 제일 괴로운 숙제가 바로 그것이었다. 다른 숙제들은 하루이틀 벼락치기로 때우면 됐지만, 일기만큼은 그럴 수 없었다. 그날 날씨를 기억하지 못해 더 큰일이었다. 누나에게 과자를 건네며, 날씨만 참고하겠다며 일기장을 빌렸다. 그리곤 한 달 치 일기를 베껴 썼고, 죄책감은 마음 한편에 오래 남았다.

그러나 지금, 나는 자발적으로 다시 글을 붙든다. 공학 보고서와 숫자에만 길들였던 삶을 넘어, 단어 하나에 숨을 불어넣으려 애쓴다. 아직도 거칠고 미숙한 글이지만, 적어도 진심을 담으려 노력한다. 때론 생각만 하고 쓰지 않았던 내가, 단지 '핑계 속에서 최선을 다하는 척'만 해온 건 아니었는지 돌아본다. 그래도 이제는 멈출 수 없다. 아니, 멈추고 싶지 않다.

지금은 울창한 숲속 같지만, 한 걸음씩 걷다 보면 언젠가 시야가 트일 것이다. 바위와 키 작은 풀을 지나면, 정상이 손에 닿을

듯하다. 아래를 내려다보며, 내가 걸어온 길을 되돌아보는 순간도 오겠지.

글쓰기란, 어쩌면 그런 것이다. 숨이 턱끝까지 차오를 만큼 힘겨운 길이지만, 그럼에도 아름다운. 오늘도 나는 그 산을 오른다. 단어 하나, 문장 하나에 마음을 실으며, 뚜벅뚜벅 걸음을 옮긴다.

24
벨 일 없죠?

회사 업무를 마치고 곧장 빈소로 달려갔다. 대기실에서 나오는 미망인을 보고 사고 경위를 묻다가, 결국 눈물을 찍어 내고 말았다. 이런 순간, 저간의 사정을 물어본들 무슨 소용이랴. 정작 당사자는 흰 국화로 둘러싸여 말없이 웃고 있는데……. 속이 뒤집혀 더는 말을 잇지 못했다. 홀로 제단 앞에 앉았다. '이제 편히 쉬라'며 큰절을 올렸다.

끔찍한 작별이었다.

지난해 가을 핸드폰에서 카톡 알림음이 울렸다. 아빠가 유명을 달리했다는 부고였다. 큰딸이 아빠가 가입된 단체 톡방에 글을 올린 것이었다. 자세를 바로 하고 눈을 비비며 천천히 다시 읽었다. 마치 뒤통수를 얻어맞은 듯 멍해졌다. 이게 대체 무슨 일이란 말인가?

지난봄에도 그 방에 글이 올라왔었다. 막내딸의 혼사 안내장이었다. 예식 시각에 맞춰 겨우 도착하니 그는 이미 사위에게 인계할 딸의 손을 잡고 입구에 서 있었다. 무대 앞쪽의 둥그런 테이블에 빈 좌석이 눈에 띄어 무조건 앉았다.

우리는 마흔 중반에 만났다. 그는 최신 기술을 활용한 생산 공장을 짓는 회사의 살림을 총괄하는 총무팀장이었고, 나는 건설 업무를 수행했던 회사의 관리자였다. 우리는 그들과 지속적으로 협력해야 했다. 같은 그룹사 소속이긴 했지만, 업무상 그는 발주처의 '갑'이었고 나는 '을'이었다.

중국에 출장도 함께 다니고, 틈틈이 골프도 같이 치며, 점차 친구처럼 지내게 되었다. 물론 동년배라는 공감대가 서로를 빠르게 가까워지게 했다. 그러다 우리는 1년을 앞서거니 뒤서거니 하며 정년을 맞았다. 보통 회사에서 만난 인연은 퇴직과 함께 서서히 잊히지만, 우리는 오히려 더 자주 연락하고 만났다.

나는 늘 경청하는 쪽이었다. 전라도 출신의 숙맥인 내게, 따발총처럼 쏟아지는 그의 경상도 사투리를 듣는 일은 그 자체로 즐거운 경험이었다. 함께한 시간이 쌓이면서, 우리는 어느새 마음 깊이 통하는 막역한 사이가 되었다.

발인식은 숨소리조차 들리지 않는 듯 무거웠다. 화장을 마치고, 고인의 뜻에 따라 일산 평야가 한눈에 내려다보이는 큰 창 앞자리에 유골을 모셨다. 이제는 그 특유의 '벨 일 없죠?'라는 거친 첫인사를 더는 들을 수 없다. 구름 한 점 없는 맑은 하늘, 그가 훨

훨 날기에 제격인 날이었다.

　큰사위가 다가와 조문 인사를 건넸다. 나는 그의 손을 살짝 잡고 귓속말을 전했다.

　"내가 너의 장인어른을 대신해, 지난번 처제 결혼식장에서 네 부모님을 대접했단다."

　"아, 네!"

　그의 굳은 얼굴에 잠시 미소가 피었다. 그 순간, 기러기 한 무리가 열을 지어 어디론가 날아가고 있었다.

25
카네이션이 지면

1

어린 시절, 시골집에선 닭을 길렀다. 양계 산업이 발달하기 전이었기에, 병아리 한 마리가 부화하기까지는 20여 일이 걸렸고, 달걀은 몹시 귀한 자원이었다. 그래서 어머니는 닭장의 달걀을 하나씩 챙겨 찬장 깊숙이 쌓아두셨다.

그러던 어느 날, 사탕을 먹고 싶었던 나는 닭장에 들어가 달걀을 몰래 꺼냈다. 아들이 거짓말을 해도 모른 척 눈감아 주셨던 아버지와 달리 어머니는 계산이 확실하셨다. 일주일이면 당신 계산대로 찬장에 일정량의 달걀이 쌓여야 하는데, 조금씩 모자라자 저간의 상황을 지켜보셨다. 현행범으로 딱 걸렸다.

하필 봄 소풍을 앞두고, 어머니가 큰마음 먹고 장만해 준 새 바지가 날달걀로 범벅되어 더욱 난감했다. 피해를 최소화할 궁리를 찾았다. 일단 어머니의 화가 누그러질 때까지 시간을 벌고, 응원군을 한 명이라도 더 확보해 둘 필요가 있었다. 밭에 풀을 매러 가신 할머니에게로 찾아가 저간의 사정은 숨긴 채, 일손을 거들었다. 할머니의 칭찬에 오히려 민망했다.

2

중학교 시절, 수학여행 경비를 2만 5천 원에서 3만 5천 원으로 슬쩍 올렸다. 정문에서 기다리는 아버지와 눈이 마주친 순간, 들켰다는 예감이 스쳤다. 하지만 아버지는 아무 말 없이 "재미있게 다녀왔냐?"라고만 물었다. 여행 경비에 대해선 전혀 내색하지 않으셨다.

아버지가 병원에 계실 무렵, 침대에 누워 이것저것을 부탁하면 어머니는 말없이 순순히 응하셨다. 때론 웃음이 나올 정도였다. 일반 병실에서는 주전부리를 드시며 생떼도 부리셨지만, 중환자실에 혼자 계실 때는 무척 외로워하셨다. 나는 주말마다 내려가 어머니를 모시고 병문안을 갔다.

"어서 와라. 네 친구에게 말 좀 해서 일반 병실로 옮겨 달라고 해라."

"네, 부탁해 볼게요."

알겠다고 대답은 했지만, 끝내 그 친구에게 전하지는 않았다.

그는 누구보다 성실하게 아버지의 상태를 돌보고 있었고, 나는 그가 알아서 최선을 다하고 있으리라 믿었기 때문이다. 그러나 아버지는 그 부탁을 몇 번이고 되풀이하셨다.

그러던 어느 날, 아버지께서 들뜬 목소리로 전화를 주셨다. "상태가 좋아져서 퇴원해서 치료를 계속해 보자는 얘기를 들었다." 그 말에는 오랜 병상 끝에 마주한 희망의 기운이 묻어 있었다. 연차를 내고 즉시 내려가 퇴원 절차를 밟았다. 맨 먼저 달려간 곳은 아버지 단골 이발소였다. 머리를 깎고 수염까지 밀고 나니 상쾌해지셨는지, 아버지 목소리엔 다시 생기가 돌았다.

또 한 번의 어버이날이 찾아왔다. 부모님과 마주 앉아 웃으며 식사하던 날이 엊그제 같은데, 이제 그 자리에 나 혼자 앉아 있다. 매사에 정확하고 깐깐하셨던 어머니, 그리고 무조건 내 말을 믿어주던 아버지. 서로 너무도 달랐지만, 서로를 채우며 나를 키워주신 두 분이 유난히 그리운 날이다.

26
깊은, 답답한 그러나 즐거운

　아이들이 중학교에 입학하면서 자기들 방에 틀어박히는 시간이 많아졌다. 사춘기 때문인지 함께 시간을 보내고 싶어도 곁에 오는 것조차 싫어했다. 대학에 진학한 이후에도 달라지지 않았다.
　아이들과 마음을 나누려면 어떤 방식이 좋을까 고민하던 어느 여름날, 북한강 수상스키 체험을 계획했다. 아들과 아내는 초보자 강습 코스에 등록했다. 체험을 포기한 딸은 아예 시원한 그늘에서 지켜보기만 했다. 지상 강의가 끝나고 물 위에서 연습했다. 아들은 익숙해지며 즐기는 듯했다. 그러나 아내는 물에 두어 번 꼬꾸라지더니 금세 포기하고 말았다.
　후배 직원이랑 지방 출장을 함께 갔다. 여러 가지 얘기 중 하나가 귀를 솔깃하게 했다. 필리핀 세부에서 바닷속을 구경하는 스킨스쿠버라는 게 있다는 것이다. 한 번 빠지면 헤어날 수 없을 만큼 재미가 있어, 자기는 매년 즐긴다고 했다.

그해 겨울, 후배가 소개해 준 스쿠버 다이빙 샵으로 떠났다. 샵은 한국인들이 어찌나 많은지 방이 없어 인근의 호텔에 숙소를 잡았다. 다음 날 아침, 샵에서 여러 사람이 식사했다. 장비를 착용하고 Fun Diving을 즐기러 떠나는 일행들이 마냥 부러웠다. 우리 가족은 좁은 강의실로 들어가 오전 내내 다이빙 관련 기본 이론을 배웠고, 점심 식사 후에는 인근 바닷가 간이 풀장에서 호흡기 착용법, 부력 조절, 이퀄라이징 등 기본기를 익혔다.

두어 시간 풀장의 얕은 물 속에서 장비 적응 훈련을 마쳤다. 저녁 무렵, 여자 강사가 이제 5m 깊이 바다에서 실습하자며 배를 몰았다. 모두가 긴장하며 배에 올랐다. 현지 도우미들이 실린더, 마스크, 호흡기 등을 가족들에게 착용시켰다. 준비가 끝난 사람부터 배에서 뛰어내리라는 지시가 떨어졌다. 아내와 딸이 울상을 지으며 버텼다. 할 수 없이 나와 아들이 먼저 뛰어내렸다. 가장이라는 책임감 때문이었다. 강사의 강압에 딸과 아내도 공포에 질린 채 내려왔다.

큰 파랑이 한 번 덮치는 순간, 머릿속은 백지가 되었고, 배운 것들은 흔적 없이 사라졌다. 모두 호흡기 점검도 제대로 못 하고 허둥댔다. 이퀄라이징*도 못한 채 수면 아래로 빠르게 내려가며 하얀 모랫바닥에 엉덩방아를 찧었다. 고막이 찢어질 듯 아팠다. 위

* 코를 잡고 숨을 내쉬어 귓속의 압력을 조절하는 방법.

를 쳐다보니 저 멀리에서 파도가 출렁이고 있었다. 폐소공포증이 몰려왔다.

어찌어찌 첫 실전을 끝내고 배 위에 올라오자, 강사는 우리를 호되게 꾸짖었다. 아들만 빼고. 실내 강의와 풀장에서 연습했던 사항들을 어찌 그리 깡그리 잊었냐고…. 너무나 힘든 하루였다. 저녁이나 맛있게 먹자며 인근 맛집으로 달려갔다. 레촌*과 담백한 산미겔 맥주 그리고 달달한 망고로 종일 시달린 몸과 마음을 위로하였다.

다음날, 온몸이 욱신거렸고 다이빙이고 뭐고 다시는 하고 싶지 않았다. 바다에서 종일 실전 훈련하는 날이었다. 하지만 젊고 날쌘 아들만이 일어나 준비를 끝내고 식구들 동참을 기다렸다. 나머지는 호텔에 눌러앉을 태세였다.

둘째 날은 10m 잠수였다. 초급자들만을 모아 벙커(작은 동력선)를 타고 조금 더 멀리 나갔다. 부표에 정박 후, 장비들을 착용하고 바다에 뛰어내렸다. 이번엔 반드시 이퀄라이징을 하리라 다짐했다. 바닥의 암초에 묶인 동아줄을 잡고 아래로 천천히 내려갔다. 아들이 먼저 내려가 바닥의 바윗돌을 붙잡았고, 딸과 아내의 합류까지는 긴 시간이 걸렸다. 강사가 간신히 둘을 데리고 내려와 가족 모두가 함께 이동했다.

* 필리핀 전통음식인 새끼 돼지 바비큐.

나는 또다시 폐소공포증이 몰려왔다. 상태가 심각해지자 강사가 달려와 호통을 쳤다. 걱정스레 바라보는 가족들의 눈빛이 마스크 너머로 선명하게 보였다. 하나, 두울, 깊게 심호흡을 하자 조금씩 마음이 진정되었다. 그 순간, 하얀 배와 검푸른 등을 보이는 잭피쉬 떼가 머리 위로 구름처럼 몰려오는 것이 아닌가? 그 황홀한 장면 앞에서 폐소공포증이 저 멀리 사라졌다.

물속의 바위와 바위틈 사이를 누비는 치어들, 그리고 눈에 뵈지 않았던 사물들이 또렷이 보이기 시작했다. 싸낙배기 여강사의 호통에 안절부절못하는 우리를 뒤따라오며 꼼꼼히 챙겨주던 현지인 보조강사, 'June June'이 있었다. 겁에 질렸던 우리를 따뜻하게 배려하는 그의 손길에, 다이빙이 공포가 아닌 즐거움으로 점점 바뀌었다. 강사의 채찍과 'June-June'의 포근함, 극과 극의 조합 덕분에 바닷속은 어느덧 기쁨의 공간으로 바뀌었다.

그 이후로 아이들이 다이빙을 가자고 하면, 모든 계획을 제치고 따라나선다. 서로 챙겨야 하는 스포츠라 그런지 가족 간의 유대감을 키우기엔 그만이다. 바다에서 지치도록 놀고 나면, 넉넉한 인심과 풍성한 먹거리가 기다리던 필리핀 세부의 그 섬이 그리워진다.

27
톨레도엔 바람이 분다

허름한 카페였다. 낡았지만 등을 편히 기댈 수 있는 의자가 자리를 지키고 있었다. 오후가 가장 나른할 때, 천장의 조명들만 서로의 시선을 바쁘게 건넸다.

여행을 앞두고 짐을 나눠 챙기기로 했다. 자잘한 생필품은 그녀가, 무게 있는 짐은 내가 맡았다. 바쁘게 의견을 나누는 사이, 냉커피의 얼음이 다 녹아 밍밍한 물맛으로 변해 있었다.

3~4년 전, 포르투갈과 스페인을 여행한 적이 있다. 그중에서도 인상 깊게 남은 곳이 둘 있다. 그중 하나는 투우경기장이었다.

18세기 후반, 6년에 걸쳐 건설되었다는 '론다' 투우경기장은 원형으로, 둥근 석조 기둥과 2층 관중석으로 구성되었다. 소들을 극도의 흥분상태로 만들기 위해, 경기 전에 빛이 들지 않는 곳에 굶겨 24시간 동안 가두어놓았다는, 소들의 대기 장소도 생생하게 볼 수 있었다.

또 감동으로 다가왔던 장소는 톨레도였다. 마드리드로 수도를 옮기기까지 거의 1,000년 동안 스페인의 수도였다는 곳. 도시가 하나의 거대한 예술 작품처럼 단단하고 고요하게 서 있었다.

그곳의 골목을 그녀와 늦은 밤까지 걷고 싶었다. 걷다가 지치면 도로에 쪼그리고 앉아, 길을 따라 줄지어 박힌 호박돌과 조약돌을 하나하나 들여다보는 것도 좋을 것 같았다. 목이 마르면 노천카페에 들어가 와인 한 잔을 기울이며, '톨레도'란 이름에 담긴 뜻-'절대 굴복하지 않겠다.'-을 곱씹어 보고 싶었다.

더 늦기 전에, 단 한 달만이라도 그녀와 그런 시간을 보내고 싶었다. 잠시 서로의 배우자를 잊고, 오랫동안 가슴 깊이 묻어온 말들을, 각진 세월만큼이나 조용히 풀어놓고 싶었다. 시간을 잊은 듯한 중세의 거리, 그 낯선 골목을 함께 걷다 보면, 저물어가는 인생의 그림자마저 잠시 잊을 수 있으리라.

아! 내일이면 그곳으로 간다.

28
공짜는 없다

고향 집 앞에는 도랑이 있었다. 걸음마를 배우며 개구리 수영도 익혔다. 물에서 노는 일은 곧 일상이었다.

"야! 멱 감으러 가자."

"알았어."

우리는 홀랑 벗고 냇가로 달려갔다. 행여 누가 고추를 볼세라, 열심히 달려 뛰어들 듯 다이빙하곤 했다. 냇물 한가운데는 어른 키를 넘는 깊은 구간도 있었다. 그곳에 돌을 하나씩 옮겨 물속에 탑을 쌓는 놀이를 즐겼다. 그리고 수중 돌탑 위에 올라 친구들이 달려들면, 예상보다 깊은 물에 허우적대는 걸 보고 웃기도 했다. 그렇게 놀다 보면 눈이 벌겋게 충혈되기 일쑤였다.

세월이 흘러, 가족과 함께 싱가포르 여행을 갔던 날이 떠오른다. 저녁 무렵, 호텔 정원 수영장의 야자수 울타리와 조명 아래 온 가족이 수영을 즐겼다. 그런데 잠시 후, 나만 물속에 남아 있었다.

아내와 아이들은 벤치에 누워 나를 바라보고 있었다.

"벌써 수영을 다 끝냈니?"

"아빠 수영하는 폼이 너무 이상해…. 부끄러워서 같이 못 하겠어."

그날 이후, 정식으로 수영을 배워야겠다고 마음먹었다. 그러나 문제는 그때부터 시작이었다. 어릴 적 익힌 엉터리 영법이 몸에 익어, 아무리 강사가 가르쳐도 좀처럼 교정되지 않았다. 힘이 빠지거나 긴장이 풀리면 금세 예전 방식으로 돌아가곤 했다.

"아버님! 왜 이러세요? 팔과 손바닥 각도 좀 신경을 쓰세요."

"아버님처럼 수영을 막 배운 수강생들을 가르치기가 젤 힘들어요."

강사의 짜증 섞인 말투가 계속되었지만, 포기할 수는 없었다. 부드러운 팔꺾기, 여유 있는 접영 그리고 끊김이 없이 이어지는 500m의 자유형. 나도 언젠가는 그렇게 수영하고 싶었다.

같이 상급에 올라온 동기가 자유 수영을 즐기는, 옆 레인의 아줌마를 붙잡고 물었다. 그분은 나이가 있지만 영법이 자연스러워 수강생 모두가 부러워하는 사람이었다.

"수영을 배운 지 얼마나 되셨어요?"

"여기 수영장이 생긴 해부터 다녔습니다. 아마 94년인가, 95년쯤일 거예요."

대답을 들은 우리는 그 자리에서 말없이 고개를 끄덕였다. 겨우 2년 배운 햇병아리들이 30년 수영한 고수에게 경험을 묻다니. 웃어야 할지, 부끄러워해야 할지 몰랐다.

29
훈장 혹은 이정표

 1시간 아침 자습을 마치고 나서, 친구들과 함께 이층 교실 외곽 계단에 모여 한가롭게 시간을 보내고 있었다. 따가운 햇살에 눈이 부셨고, 지나가는 이웃 여고생들 모습에 아이들은 자연스레 시선을 빼앗기곤 했다. 그중 한 아이가 교실 뒤편에 있던 커다란 거울을 들고나왔다. 별생각 없이 웃으며 그걸 받아 든 나는, 장난삼아 햇살을 반사해 여학생들의 얼굴에 비추었다. 얼굴을 찌푸리며 눈을 가리는 반응이 우습기도 하고, 골려 먹는 재미가 있었다. 장난은 다음 날에도 이어졌다. 특히 몸에 딱 붙는 교복을 입은 여학생들을 골라 햇빛을 비추곤 했는데, 지금 생각하면 참으로 철없는 짓이었다. 그러던 어느 순간, 뒤에서 묵직한 목소리가 들려왔다.
 "야. 거기서 뭐 하는 거야."
 돌아서 보기도 전에 직감했다. 담임선생님이었다. 당황한 채 거울을 내려놓았지만, 현장에서 딱 걸린 이상, 그 어떤 변명도 소용이 없었다. 선생님은 말없이 다가와 귀를 잡아챘다.

복도는 이미 조용했고, 함께 놀이를 즐겼던 친구들은 벌써 자리에 돌아간 후였다. 그 긴 복도를, 귀를 잡힌 채 질질 끌려가는 수치심은 말로 표현하기 어려웠다. 통로 한가운데엔 학생들이 복도에서 뛰지 못하도록 중앙 분리대처럼 통나무가 있었고, 그 위에는 큼직한 화분이 하나씩 놓여 있었다. 선생님이 한마디 던지셨다.

"화분 받침대 하나 들고 들어와라."

무거운 나무 받침대를 양손에 들고 교무실로 들어서자, 안에 있던 여러 선생님이 일제히 고개를 돌렸다. 짐짓 웃음을 감추지 못하는 선생님도 있었다. 나는 죄인처럼 그 앞에서 통나무 위에 올라가야 했다. 긴장으로 다리가 덜덜 떨렸다. 회초리 소리는 바람을 가르듯 날카로웠고, 종아리에 찍히는 통증은 예상보다 훨씬 매서웠다. 한 대, 두 대… 종아리에 시퍼렇게 날 선 자국이 남았다. 하지만 통증보다 더욱 따가웠던 건, 매를 맞는 내 모습을 지켜보던 선생님들의 시선이었다. 낯이 뜨거웠고, 입술은 바짝 말라붙었다.

그 여름, 나는 반바지를 입을 때마다 종아리에 남은 자국을 숨기려 애썼다. 하지만 아무리 애를 써도 푸르게 멍든 흔적은 쉽게 가려지지 않았다. 친구들은 그것을 보고 농담처럼 '훈장'이라 불렀고, 나는 웃는 척하면서도 아물기 전까지 부끄러웠다. 그 시절의 매는 아팠지만, 지금에 와서 돌아보면 어딘가 단단한 이정표가 되어 있었다.

30
푸른 집 할머니

안녕하세요, 잘 계시죠?

어젯밤에는 눈이 참 많이 내렸습니다. 이런 날은 떡국이 생각납니다. 안반에 꾸덕꾸덕 마르고 있던 가래떡을 올려놓고 떡국을 끓이기 좋게 자릅니다. 나도 잘할 수 있다고 달려들면 금세 오른손 검지가 부어오르고 아파서 계속할 수가 없었습니다. 바가지에 물을 담아 옆에 두고, 칼날을 수시로 씻어내며 작업을 이어갔습니다. 자른 떡들을 채반에 담아 다락에 옮기는 뒷설거지는 제 몫이었습니다. 하나씩 집어 먹다 보면, 막상 상에 오른 떡국은 국물만 겨우 먹곤 했습니다.

추운 겨울 아침, 할머님은 맨 먼저 일어나 큰 솥에 물을 붓고 불을 지폈지요. 매캐한 냄새에 살짝 깼지만, 여전히 졸렸습니다. 방바닥이 따뜻해지면 다시 깊은 잠에 빠지곤 했지요. 그러다 부엌에서 달려온 어머니가 이불을 홀랑 걷으며 아침을 재촉하셨지요.

그때마다 '저분이 혹시 계모가 아닐까?' 하는 철없는 생각이 불쑥 들기도 했답니다.

지난 주말, 시골집에 내려가 토방과 마루 밑을 정리하다 손잡이가 없는 호미 두 자루를 발견했습니다. 녹슬고 무뎌졌지만 버릴 수 없었습니다. 비닐봉지에 담은 담배와 호미를 들고 밭으로 향하시던 할머니 뒷모습이 떠올랐거든요. 감나무 그늘에서 담배를 태우며 웃으시던 할머니, 바라구 하나 뽑느라 진땀을 흘리던 저를 칭찬해 주시던 따뜻한 눈빛이 생각납니다. 쇠뜨기 뿌리를 끝내 뽑지 못하고 몸체만 잘랐던 일, 이제야 고백합니다.

호미, 발이 달린 개량형 농기구, 왜낫과 조선 낫, 그리고 크고 작은 톱들, 망치와 해머를 위 칸부터 차례대로 넣었습니다. 언제라도 바로 찾아 쓸 수 있도록 깔끔하게 정리했습니다.

매일 호미를 들고 밭으로 향하는 할머님이 짠했습니다. 샘물 주전자에 사카린 두어 조각을 넣어 밭으로 갔습니다. 당신은 감나무 아래서 물을 시원하게 드시고선 저를 치켜세워주셨지요. 잡초 뽑는 일을 도와드리려 했는데, 왜 그리 제대로 안 되던지요.

할머니의 손은 늘 거칠고 상처투성이였습니다. 군데군데 피가 비치던 손끝에 바셀린을 발라 드리면, 다음 날 부드러워졌다며 아이처럼 기뻐하셨지요. 지금은 제 손끝이 갈라지면 그때를 떠올리며 바셀린을 바릅니다.

울안 텃밭 하나 관리도 힘에 부칩니다. 도라지와 더덕을 심으면 풀이 덜 나고, 3~4년이 지나면 씨알이 굵어져 먹기 좋다는 얘기를 들었습니다. 물레방아집 옥외 아저씨 아들 태환이, 그 녀석에게 부탁해 트랙터로 밭을 뒤집고 고랑을 만들어 열심히 심었답니다. 얼마 지나지 않아 녀석이 사진을 보내왔더군요. 고랑이고 둔덕이고 모두가 풀밭으로 변한 모습이었습니다. 정말 어이가 없었지요. 그때부터는 시간이 날 때마다 내려가 풀을 매기 시작했습니다. 바라구는 어찌나 왕성하던지, 뽑으면 더덕이나 도라지 모종이 함께 뽑히더군요. 정말 지독한 풀입니다. 오뉴월 땡볕은 얼마나 뜨겁습니까? 할머니는 수건 한 장을 이마에 둘러매고 일했지요. 요즈음은 도저히 견딜 수가 없어 묘안을 냈습니다. 철근 토막에 커다란 우산을 묶어 풀을 매는 장소마다 이동해 땅에 꽂으면 됩니다. 정말 시원합니다. 그때는 이런 생각을 왜 못했을까요?

그거 생각나세요? 방학이 되어 누나들이랑 다 함께 고추를 따던 때 말입니다. 고랑 사이에 쭈그리고 앉아야 제대로 익은 고추를 볼 수도, 딸 수도 있지요. 땡볕과 지열로 가득 채워진 고추밭 고랑은 그야말로 찜통이란 걸 잘 아시지요? 숨이 막혀 오래 앉아 있기도 힘이 들더라고요. 상급학교에 다닌다는 핑계로 하루나 이틀 일하고, 누나들은 슬그머니 하나둘 전주로 나갑니다. 초등학생이라 변명거리가 없는 저는 어쩔 수 없이 따라다닐 수밖에 없었지요. 한 고랑씩 고추를 따다 보면 어느새 마지막 고랑이 나옵니다. '이제 다 땄으니, 밭에 오지 않고 친구들이랑 놀아야지.'라며 신나는 표정을 지으면, 저쪽을 바라보라고 할머님이 손짓하셨지요. 4~5일 전에 따기 시작한 첫 고랑이었습니다. 그곳에는 언제 땄냐는 듯이 붉은 고추들이 주렁주렁 달려 있어, 절망감이 몰려왔습니다.

할머니는 담배를 무척 즐기셨지요? 그래도 아들, 딸이 주는 용돈을 쓰지 않고, 가재 손수건으로 말아 보관하다 저에게 주셨지요. 막걸릿값도 없어 허덕이던 대학 시절, 미안함과 감사함이 뒤섞인 채 받아 든 용돈이었습니다. 눈시울이 뜨거워질 만큼 고마웠습니다. 그 후로 할머니를 뵈러 갈 때는 항상 둥그런 계란빵이나 담배를 사다 드렸습니다. 정말 맛있다며 아껴서 드시곤 했지요.

동생을 키워야 하는 어머니 대신 젖을 빨도록 물려주신 거 아시죠? 언젠가 그것을 몰래 본 누나들이 어찌나 놀려대는지. 얼굴이 빨개졌던 기억이 새롭습니다. 그래도 아프면 무조건 할머님 등에 업혀 잠이 들었지요. 이 세상에서 제일 편한 곳이었으니까요.

취업하기 전, 갑자기 할머니와 고모님을 모시고 여행을 떠나고 싶었습니다. 승용차로 마이산을 다녀온 기억이 있으시지요? 손주가 운전하는 차를 타고 외동딸이랑 함께 나들이하는 걸 정말 즐거워하셨지요? 반나절이나 걸리는 전주 딸네 집에, 차를 타고 곧바로 갈 수 있어 얼마나 놀라워하셨어요? 딸의 손을 꼭 잡고서 유리창 너머의 풍경들을 들뜬 모습으로 즐기셨고요. 그 차, 실은 할머님이 주신 용돈을 모아 빌린 차였답니다.

언제나 그 자리를 지켜주실 줄 알았습니다. 할아버지가 돌아가신 후, 급격히 기력이 쇠하셨지요. 그때도 부랴부랴 할머니가 좋아하시는 빵과 담배를 사 들고 달려갔지요. 예전과 달리 빵도 한 조각만 드시고, 그 좋아하던 담배도 맛이 없다며 태우지 않으셨구요.

"할머님 한 번만 피워보실래요?"

"그럴까?"

한 모금을 넘긴 뒤, 한동안 연신 기침을 하셨습니다. 그러고는 높은 베개에 머리를 기대고 잠이 드셨습니다. 처음으로 조용히, 오래도록 할머니의 얼굴을 바라보았습니다. 깊게 패인 주름 속에도 여전히 따뜻하고 단단한 삶의 기운이 머물러 있었습니다.

"할머님, 젊을 때 미인이라는 말씀 많이 들으셨죠? 지금도 피부가 정말 고와요."

"그럼, 나도 한때 그런 소리를 좀 들었지."

힘없이, 그리고 수줍게 답하시는 할머니 모습에 울컥했습니다.

지난해, 할머니가 계시는 집 주변의 잡목과 이끼를 모두 제거하였습니다. 덕분에 잔디가 더 푸르러졌지요.

편히 계세요. 다시 인사드릴게요.

31
수면을 날다

올림픽대로나 강변북로를 달리다 보면 유유히 흐르는 한강을 바라보게 된다. 오전의 바람은 조용하고, 강물은 잔잔하다.

이 말이 엉뚱하게 들릴지도 모르지만, 한강에서 수상스키를 타 본 사람들은 공감할 것이다. 누구나 안락한 승차감을 원하지만, 폭 15cm 스키에 몸을 싣고 물 위를 스쳐갈 때의 감각은 전혀 다른 세계다. 잔잔한 수면은 마음까지 평온하게 만들지만, 거센 물결은 그 진동이 머리끝까지 전해진다.

오래전 대학 동아리 OB 모임이 전북 장수군의 어느 한적한 댐 근처에서 열리게 되었다. 호수의 완만한 경사지 한쪽 면에 바지선이 정박해 있고 서너 척의 보트가 기대어 있었다.

"형님, 오늘 처음이죠? 한번 시범 보일게요."

후배 하나가 자신만만하게 나섰다. 보트가 일으키는 웨이크*를

* 배가 지나며 일으키는 흔적(파도)

가로지르며 턴하는 모습은 흡사 공연 같았다.

"형님은 처음이니 초급 강습을 받고 물 위에 떠서 돌아오면, 원하는 만큼 술을 사겠습니다. 못 뜨면 형님이 쏘는 겁니다."

"콜!"

수상스키는 처음이었지만, 스키 경험이 있어 쉽게 해낼 수 있으리라 믿었다. 헐렁한 팬츠, 장갑, 웨트 자켓까지 장비를 갖추고 물로 들어갔다. 금세 어제 마신 술기운이 날아갔다. 겨우 몇 번 연습하고 물 밖에 나와 의자에 앉아 숨을 고르며 기운을 차렸다.

약속한 시간이 되었다. 후배는 이미 결과를 예감한 듯 여유롭게 맥주를 마시고 있었다.

"너 여기서 기다려! 내가 꼭 수면 위로 떠서 올 테니!"

지친 몸을 추슬러 다시 로프를 잡았다. 이번이 마지막 기회였다. 잠시 물속에서 숨을 고른 후, 바지선으로 향하는 보트의 로프를 잡았다. 그동안 몸과 머리로 배운 지식을 총동원했다. 그리고 마침내 수면을 날 수 있었다. 보트 뒤를 가르며 날아오른 순간, 후배의 눈은 휘둥그레졌다.

당시에는 회사 업무에 매여 청평이나 북한강에 갈 여유가 없었다. 그러던 어느 날, 퇴근길에 잠실 선착장에서 수상스키를 즐기는 사람들을 보았다. 망설이지 않고 즉시 등록했고, 다음 날 새벽부터 선착장으로 달려갔다. 두 번 타고 샤워를 한 후 사무실로 출근하는 삶이 시작되었다.

여름이 되면 언제나 스키 가방을 챙겨 트렁크에 싣고 다닌다. 바지선이 보이면 망설임 없이 내려, 물 위에서 호흡을 가다듬는다. 바람을 가르고, 물살을 탄다. 숨이 차오를수록 오히려 살아 있음을 느낀다. 모든 운동이 그렇듯, 수상스키도 몇 번의 고비를 넘겨야 비로소 진짜 즐거움이 찾아온다. 물의 저항에 끌려다니며 몸과 마음이 단단해지고 나면, 수면 위를 나는 자신을 발견하게 된다.

그 순간, 진짜 자유를 만난다.

32
멀리 새벽송이 들려온다

땡그렁- 댕, 땡그렁- 댕.

소나무 장작을 무쇠 난로에 수시로 넣었다. 타오르는 불꽃을 바라보며 밤새 재미난 이야기를 나누었다. 창문틀에 하얀 눈이 쌓였다가 스러지는 것을 몇 번이나 보며, 우리는 깊은 밤을 밀어냈다. 새벽 4시가 되자 종소리가 들렸다.

종리 마을의 교회였다. 교인들은 그 소리를 들으며 새벽어둠을 가르고 교회로 향했고, 교회를 다니지 않는 사람들에겐 마치 새벽잠을 다시 재우는 자장가 같았다.

크리스마스가 가까워지면, 교회는 겨울방학을 맞은 초등학생들을 불러 모았다. 아이 중엔 평소 교회에 다니지 않는 이들이 오히려 더 대접받는 듯했다. 서울말을 또렷하게 구사하는 누나들을 졸졸 따라다녔던 것도 그즈음 일이었다.

중학교 2학년 겨울이었다. 방학 숙제를 가득 실은 자전거를 타고 고향으로 향했고, 그해도 어김없이 크리스마스 행사에 참여했다. 그날 밤, 동기들과 교회에서 밤을 새우기로 했다.

새벽송을 부르며 동네를 돌고 나서 아쉬움을 안고 집으로 돌아왔다. 눈꺼풀이 무겁게 내려앉던 새벽, 할아버지께서 조용히 물으셨다.

"밤새 어디 있다가 이제 오는 거냐?"

"뒷집 대문 앞에서 찬송가 부르던 소리, 저였어요."

그 말을 남기고 방으로 들어와, 점심때까지 깊은 잠에 빠져들었다.

이따금 크리스마스가 다가오면, 하얀 눈 덮인 동네를 돌며 새벽송을 부르던 그 밤이 선명하게 떠오른다. 설렘과 그리움이 겹쳐지는, 반짝이는 기억이다.

요즘은 트리 장식도, 캐럴도, 그저 풍경일 뿐. 가슴 뛰던 그 순간들은 어느새 멀고 조용한 기억이 되었다.

33
붉은 열매들의 합창

시골집 우물가엔 커다란 앵두나무가 있었다. 해마다 식구들과 동네 사람들이 앵두 잔치를 벌였다. 빨갛게 익은 앵두를 따 먹으며 흥얼대던 노랫가락도 여전하다. 그 나무가 자생한 것인지, 아버님이 흥에 겨워 심으신 것인지는 여전히 미궁이다.

새벽같이 일어나 불을 때고 식구들 아침밥을 지은 어머니는 일꾼들의 새참을 들고 논밭으로 나가셨다. 가족이 잠든 뒤에도 일이 끝나지 않았다. 풀을 먹이고 숯불 다리미로 하얀 두루마리와 와이셔츠 깃을 세워야 했다. 그 옛날엔 물레로 실을 잣고, 베틀로 옷감을 짜야 했다는 얘기도 들었다. 여성들의 삶은 쉼 없는 강행군이었다. 그런 풍경을 담아 노래 <앵두나무 처녀>가 시작되었다는 사연은 훗날 알게 되었다.

시골에 상수도가 들어오면서 우물은 조금씩 메워졌고, 앵두나무도 사라졌다. 늘 아쉬움이 남아, 지난달 큰마음을 먹고 묘목상을 찾아 굵직한 앵두나무 한 그루를 샀다. 올해 안에 앵두를 먹을 수도 있겠다는 기대감이 들었다.

우물이 있던 근처에 구덩이를 팠다. 밭에서 퍼온 고운 토사로 구덩이 주변을 채우고 나무를 심었다. 호스로 나무 주변까지 흠뻑 물을 주었다. 이후로 시골집에 갈 때마다 물과 퇴비를 주며 정성을 들였다.

아내에게 일찍 귀가해 함께 내려가자 당부했지만, 해가 질 무렵이 되어서야 집에 도착했다. 망설였지만, 오늘을 놓치면 3주는 더 가지 못할 듯해 바로 출발했다. 시골집 근처 식당에서 늦은 저녁을 먹고 나오니, 들판에는 마늘과 양파 더미가 수북이 쌓여 있었고, 일찍 심은 논에서는 여린 모가 조심스레 자라고 있었다.

"개굴개굴" "끄러럭, 끄러럭" "꿀-꿀-"

소나기 후에 울려 퍼지는 개구리들의 합창이 유난히 도드라졌다. 개구리가 울면 비가 온다는 말처럼, 습도가 높아 피부호흡이 쉬워지면 실컷 운다고 한다. 그날 밤, 대지 위엔 바리톤과 소프라노 화음이 동시에 울려 퍼졌다. 어릴 적 듣던 그 느낌 그대로였다. 어떤 이들에겐 소음처럼 들렸겠지만, 내게는 그것이 세상에서 가장 포근한 자장가였다. 밤새도록 노래 부르느라 혹시 목이 쉬지는 않을까, 문득 걱정될 만큼.

"개굴개굴" "와글와글"

캄캄한 대문을 열고 집에 들어가는 순간까지 그들의 귀성 환영

연주는 계속되었다.

　이른 새벽, 앵두나무를 살폈다. 작은 키에도 빨간 앵두가 다닥다닥 맺혀 있었다. 묘목이 좋아서인지, 땅이 기름진 탓인지, 아니면 멀리서 걱정하는 내 마음이 전해진 것인지 알 수는 없었다.

　동쪽 인봉산 너머로 붉은 기운이 어둠을 몰아내며 기지개를 켜기 시작했다. 자연은 언제나 그렇듯, 우리의 조바심 따윈 아랑곳없이 제 길을 간다.

따그닥, 따그닥·닭발·방물장수 보따리·따다닥, 따다닥, 쿵쿵
부딪히는 소주잔들·열 번째 후회·을영비(乙瑛碑)·깁스 감옥·누구였더라?
기우뚱, 가을이 넘어지면·높은 하늘, 깊은 침대

34
따그닥, 따그닥

마장은 기다란 운동장을 세 칸으로 나누어 사용한다. 각각의 경계는 나무판자 울타리로 되어 있다. 가운데 마장은 아무런 시설이 없이 달릴 수 있는 공간이고, 좌측은 마장 마술용 장애물 기구들이 있다. 우측 마장 한가운데에는 교관이 회전의자에 앉아 기승자와 말이 달리는 걸 지켜보는 구역이다.

"어깨 펴고!"

"지금 어디를 바라보나요? 멀리 보세요."

"골반 세우고!"

"발뒤꿈치를 내리고, 상체 뒤로."

사실 기승자의 자세가 조금만 흐트러져도, 말이 먼저 알아채고 멈칫거리곤 한다.

따그닥, 따그닥 3박자의 리듬으로 가운데 마장을 구보로 돌고 있었다. 달리는 말의 숨소리가 거칠어졌다. 이따금 불어오는 훈풍에 나뭇가지에는 연초록 잎들이 돋아나고 있었다. 고요한 봄기운 속에 잠시 생각이 멈췄다.

그러다 장애물 마장에서 채찍으로 말을 내려치는 소리와 "히히잉, 히히" 반항하는 소리가 거의 동시에 들렸다. 그 순간 내 말이 놀라 날뛰기 시작했다. '아무리 위급해도 말고삐만은 끝까지 놓지 말라'는 교관들의 말을 수십 번 들었지만, 갑자기 튀어 나가는 말의 반동 앞에선 무력했다. 순간 중심이 무너졌고, 나는 달리는 말 왼편으로 다이빙하듯 고꾸라졌다. 그저 머릿속이 번개가 친 것처럼 하얘졌다.

편평한 바닥을 확인하는 순간, 그대로 절퍼덕 떨어졌다. 무방비로 내팽개쳐진 몸은 극심한 통증에 휩싸였다. 놀란 교관이 달려와 부축했고, 나는 겨우 몸을 일으켰다. 그는 곧 발판을 가져와 말을 다시 타라고 재촉했다. 또 떨어질지도 모른다는 두려움이 몰려왔지만, 아직 30여 분 남아 있었고, 오기도 생겼다. 결국 다시 말 위에 올랐다.

이 모든 시작은 지인의 권유였다. 마침 승마장이 근무하는 사무실 근처였고, 예전에 몽골에서 조랑말을 탔던 기억도 있어, 가볍게 한 번쯤 해볼까 하는 마음으로 시작했다. 그러나 말고삐를 잡자, 커다란 눈망울과 높은 안장, 말의 숨결까지 모든 게 두려웠다. 겁먹은 내 모습이 우습게 느껴졌다.

얼마 후, 임진강변으로 외승을 나간다는 공지가 떴다. 마장이 아닌 들판과 강변을 달린다는 생각에 설렘이 일었고 즉시 신청했다. 낙마하면 혼자 돌아갈 수도 없다는 긴장감에, 더더욱 연습에 매달릴 수밖에 없었다.

숲길에서 말이 예상보다 빠르게 내달려 당황했다. 하지만 여성 회원들도 거침없이 달리는 모습을 보니, '남자인 내가 못 할 게 뭔가'라는 마음에 고삐를 움켜쥐고 힘껏 뒤따랐다. 임진강 언저리 물길을 전력으로 질주하는 코스에서, 여성 회원 하나가 낙마했다. 온몸이 젖은 채 떨면서 남은 일정을 소화하는 모습이 안쓰러웠지만, 낙마 없이 완주한 첫 외승은 짜릿한 기억으로 남았다.

"야 이마! 이제 일을 해야지. 너는 계속 놀고만 싶냐?"

누군가의 농담처럼 들렸지만, 나는 어느새 말과 조금씩 교감하고 있었다. 초식동물인 말은 의외로 작은 소리나 충격에 민감하고 겁이 많다. 훈련을 마치고 마방에 돌아와 안장을 벗겨주면, 머리를 들이밀며 긁어달라는 녀석도 있다.

추위가 찾아오기 전, 오늘도 40여 분을 달려 깊은 산속 마장을 찾았다. 외승 중심이라 불편한 점도 많지만, 원장님의 말 한마디와 교정한 동작이 몸 깊이 남는다. 온몸이 지쳐 승마복을 벗기조차 버겁지만, 돌아오는 길엔 새로 익힌 기술을 되새기며 뿌듯한 마음으로 핸들을 잡는다.

35
닭발

"동상! 동상! 이 뒤안으로 어서 와 봐. 이거 다 삶아진 것 같어."

한 시간 전쯤, 푸드덕거리며 날뛰던 녀석 하나가 붙잡혔다. 목청만 크던 새끼 수탉이었다. 먹이를 줘도 늘 대장이 먼저 먹고 나서야, 암탉과 병아리 틈에 끼어 겨우 끼니를 때우던 서러운 '이등 수탉'의 삶. 피어보지도 못한 채, 그렇게 끝나버렸다.

원형 쟁반 위에 이등 수탉이 다리를 쩍 벌리고 누워 있었다. 구수한 냄새가 온 집안에 진동했다.

"어이 장조카! 대청에 있는 소주 한 병과 술잔 좀 가져와라."

유리 됫병을 뉘어 자그만 소주잔을 채우는 일이 만만치 않았다. 그렇지만 어릴 적부터 눈으로 보고 배운 나는 능숙하게 따랐다.

고모의 얼굴은 밭일에 그을려 새까맣게 타 있었다. 하얀 모시

적삼 탓에 검은빛은 더욱 도드라져 보였다. 오랜만에 만난 남매는 정답게 술잔을 주고받았다. 나는 닭 다리를 얻어먹으며, 두 분이 잔을 비울 때마다 채우는 역할을 맡았다. 닭고기에서 묻어나는 기름으로 소주잔이 미끄러웠다.

오랜만에 전주에 사는 고모가 오시자, 아버지는 닭을 대접하셨다. 뒤꼍에는 솥이 걸린 아궁이가 있었다. 닭발도 거의 삶아진 듯 노란색, 손으로 단단히 잡고 발톱 쪽으로 세게 당기면 하얀 속살이 나왔다.

"나는 요 닭발이 제일 맛있더라."

소주 한 잔을 입에 털어 넣으면서 고모는 언제나처럼 말씀하셨다. 물렁물렁한 발가락뼈를 하나하나 씹어 드시고 두꺼운 다리뼈만 남겼다.

"누님이 그것을 드시니 나는 똥집이나 먹어야겠다."

아버지는 작고 시프르댕댕한 똥집을 네 토막으로 자르며 말씀하셨다.

"저 국민핵교에 댕기는 우리 장조카가 언제 커서 메누리를 얻는다냐? 내가 그때까지 살랑가나 모르겄다!"

"누님, 무슨 말씀이에요? 금방 큽니다. 저놈이 장가가는 날까지는 건강히 살아서 봐야지요."

그런 말씀을 나누실 때쯤 나는 슬며시 자리를 피했다.

고모부는 일제강점기에 일본 유학을 다녀온 인텔리였고, 자연스럽게 사회주의 사상에 심취했다. 해방둥이 아들을 낳고, 둘째를 기다리던 중 경찰에 끌려갔다. 한국전쟁 직전, '불순 사상자 사전 구금'이라는 이승만 정부의 정책 때문이었다.

 어린 아들과 유복자로 태어난 딸을 홀로 키워야 했던 고모는 삯일과 밭일을 마다하지 않았다. 늘 검게 그을린 얼굴, 그러나 생 앞에 한 번도 기죽지 않았다.

 이제는 나도 닭발 맛을 안다. 어제도 친구들과 소주 한잔하러 단골 닭발집을 찾았다. 닭발을 조심스레 집어 드시던, 까만 얼굴의 고모님이 그 자리에 앉아 계신 듯했다.

36
방물장수 보따리

정신을 바짝 차려야 무사히 출발할 수 있다. 큰길에 들어서면 이번에 신호등과 과속 단속카메라와의 싸움이다.

'아차, 지금 이러고 있을 때가 아니지.' 휴대폰에 저장된 영어 동화를 블루투스로 연결한다. 운 좋게 노란불이 깜박인다. 오늘은 좋은 일이 생길 것 같다.

고속도로에 진입하면 마음이 조금 놓인다. 이미 알고 있는 위치의 과속카메라만 주의하면 된다. 오늘 해야 할 일들을 머릿속으로 차근차근 정리해 본다. 일도, 사람도, 사소한 일까지도.

생각에 잠겨 달리다 보면 어느덧 현장 사무실에 도착한다. 영어 동화는 언제나처럼 혼자서 끝까지 떠들고 있었던 모양이다.

스피커에서는 안전과장의 목소리가 흘러나온다. 국민체조가 시작되고, 몸을 푸는 인부들은 하나같이 지겹다는 듯 딴전을 피운다. 나도 책상 옆에서 체조를 따라 하며 하루를 연다. 시사 방송을 틀어놓고, 원두커피 한 잔을 뽑아 든다.

해가 한낮을 지난 즈음, 차를 몰아 현장을 돌며 작업 진행 상황을 유심히 살핀다. 계획대로 진행되는지, 더 나은 방법은 없는지 꼼꼼히 확인한다. 미심쩍은 부분이 보이면 반장을 불러 작업을 멈추게 한다.

저녁 약속이 있는지 확인하여, 퇴근 시간을 정한다. 서예 수업이 있는 화요일과 에세이 강의가 있는 수요일은 되도록 일정을 잡지 않는다.

저녁엔 집 근처 헬스장에서 가볍게 운동한다. 땀이 조금 날 정도면 된다. '이렇게라도 하는 게 안 하는 것보단 낫지'라며 스스로를 위로한다. 그리고 샤워실로 향한다.

지루할 법한 일상이지만 요즘은 승마에 빠졌다. 입문한 지 2년이 넘었지만, 레슨을 제대로 받지 못해 실력은 제자리였다. 새 승마장으로 옮기고부터 변화가 느껴진다. 조금씩 말과 호흡이 맞아가는 듯해 기쁘다.

서예는 영 늘지 않는다. 차분하지 못한 성격 탓도 있지만, 함께 시작한 친구들보다 뒤처지는 게 민망하다. 게다가 사부님은 연습 글씨를 매주 벽에 붙여 놓는다. 고교 동기이자 지금은 사부님인 그분의 '배려'는 가끔 저의가 의심스럽지만, 굳이 따질 수도 없다.

에세이는 더 어렵다. 고치고 또 고쳐도 지적은 끝이 없다. 동어 반복, 시제 불일치, 장황한 설명들…. 읽고 있으면 민망하다. 그런

데도 새로운 글에서 여전히 반복된다.

  이쯤 되면 내 삶은 방물장수의 보따리 같다. 이것저것 다 담고 싶어 하다 보니 정작 제대로 꺼내 보인 건 하나도 없다. 그래도 욕심이 많아, 어느 것 하나 버릴 수가 없다.

37
따다닥, 따다닥, 쿵쿵

 절간 위로 쏟아지는 브레이커 소리가 영 낯설다. 화엄사의 분위기와는 어울리지 않는 거친 쇳소리다. 마치 자기 잇속을 챙기는 바쁜 일상 속의 악다구니 같았다. 자연을 지키려는 의지와 그것을 무너뜨리려는 욕망이 맞부딪치는 소리. 고막을 찢듯 매섭게 울렸다.
 은어들이 뛰노는 섬진강과 나란히 조성된 길을 따라 달렸다. 낙락장송이 병풍처럼 둘러친 계곡 옆에 자그만 오솔길이 나타났다. 커졌다가 작아지기를 반복하는 계곡 물소리를 들으며 오솔길을 따라가면, 화엄사 일주문이 눈앞에 펼쳐진다.
 눈빛으로 말하며 조용히 걷는다. 뒤꿈치를 살짝 들고 석조 계단을 올라 대웅전으로 향한다. 모두 두툼한 방석을 하나씩 앞에 두고, 일렬로 늘어서 부처님께 절을 올린다.
 "그동안 살아오며 수많은 계율을 어긴 저의 모든 악행을 참회하오니, 제게 내린 형벌을 거두어 주십시오. 부처님, 저는 좀 더 살고 싶습니다."

대웅전 문지방 너머에서 그들이 절을 올리는 모습을 지켜보다 눈물이 핑 돌고, 가슴이 뜨겁게 차오른다. 눈을 들어 멀리 각황전의 공포(栱包), 화려하게 장식된 이층 기둥을 바라본다.

각황전 뒷산에 있는 사사자 삼층석탑을 봐야 한다며 앞장선다. 화엄사에서 제일 명당이라 여겼던 곳을 보여주고 싶었다. 그런데, 익숙하던 돌계단이 사라졌다. 고속도로처럼 넓은 우윳빛 화강석 계단이 그 자리를 대신하고 있다. 탑의 네 모서리마다 네 마리 사자가 머리로 석탑을 떠받치고 있다. 예전엔 그 앞에 앉아, 화엄사의 지붕 너머로 번지는 풍경을 보며, 대목수들의 고뇌와 숨결을 가늠해 보곤 했다.

그런데 문득, 반대편 계곡 너머 높은 곳에서 건물이 올라가는 것이 보인다. 울창한 소나무를 베고 또 다른 절을 짓고 있었다. 바로 그곳에서 '따다닥, 쿵쿵' 소리가 나고 있었다. 천년 고찰의 머리맡에 또 다른 건물을 짓는다니…. 나는 이해할 수 없었다. 불사를 집행하는 스님을 찾아가 따지고 싶은 마음이 일었다. 절이 갑자기 싫어졌다.

하지만, 대웅전에서 애틋하게 기도드리던 미국에서 온 동서네 소원만큼은 꼭 이루어지길 바란다. 브레이커 소리를 뚫고, 보이지 않는 곳에서 부처님의 미소가 은은히 빛나는 듯했다.

38
부딪히는 소주잔들

오랫동안 보지 못했던 지인을 다시 보는 일은 늘 두렵다. 너무 달라진 서로의 모습을 보고, 잠시 어색한 공기가 흐르기도 한다. 그래도 목소리만큼은 변하지 않아, 두어 마디 나누다 보면
'아! 그놈이 맞긴 맞는구나.'
속으로 그렇게 중얼거린다.
시골집 앞 둠벙엔 붕어와 가물치가 많았다. 자그만 천정천 두 물줄기가 만나 수량이 넉넉해지는 곳이었다. 외가댁 식구들이 놀러 오면 물고기를 잡느라 시간 가는 줄 몰랐다. 큰외삼촌은 아예 일주일 정도를 머물며 낚시를 즐겼다. 도시락과 술병 심부름은 내가 도맡아 했다.
지난봄 초등학교 동창회를 한다며 대아리 저수지 인근 식당에 친구들이 모였다. 오랜만에 본 친구 얼굴은, 아무리 들여다봐도 기억 속 모습과는 닿지 않았다.

"야! 태익이도 이제 늙은이 티가 나네. 그렇게 동안(童顔)이었던 녀석이…."

"그래 맞다. 우리도 그에 비하면 많이 늙은 건 아니지?"

나무는 늙어도 재목으로 쓰이지만, 사람은 늙으면 쓸모가 없다고 하는 말을 들은 적이 있다. 처음엔 너무 가혹하게 느껴졌지만, 세월이 지나며 문득 그 말속에 숨은 씁쓸한 진실을 마주하게 된다. 나이 든다는 건, 단순히 나이만 먹는 일이 아니다. 고집은 세지고, 마음은 닫히고, 변화엔 둔감해지고, 남의 말은 귀에 들어오지 않는다. 그렇게 어느 날, '꼰대'라는 말 앞에 자신이 서 있다.

엊그제 고교 동기들 골프대회에 다녀왔다. 해마다 90명 넘게 모이던 자리가, 올해는 80명 남짓. "죽지만 않으면 무조건 참석하자."라던 다짐도, 이제는 슬그머니 사라지는 듯하다. 세월이라는 이름 아래, 하나둘 빠지는 얼굴들이 늘어간다.

서로 늙어가는 걸 느끼면서도, 정작 그 모습을 마주하는 일은 어쩐지 어색하고 쓸쓸하다. 말없이 스치는 눈빛 속에서 "우리도 참 많이 변했구나." 하는 체념이 묻어난다. 행사 후 함께하는 저녁 자리, 서로의 어색함을 날리기 위해 여기저기서 소주잔을 부딪친다. 자리를 바꿔가며 술잔을 나누다 보면, 어느새 옛날로 돌아가 있다.

"더 늦지 말고 내년에 다시 보자."

뻔한 거짓말을 서로에게 건네며, 우리는 내년을 기약했다.

39
열 번째 후회

이즈음이면 어김없이 생각납니다.

'홍 판사'라는 별명이 있으셨지요. 동네 사람들이 판단하지 못하는 일들을 알기 쉽게 이해시키며, 결론을 내려주는 당신. 물론 얼마간의 질투가 없지는 않았습니다. 공주사대 시험을 보기 전날 토사곽란으로 입시를 망쳐 이 두메산골에서 살아간다며, 인생이 고달플 땐 눈물로 토로하셨던 그 모습이 떠오릅니다.

준비된 죽음이 있을지 모르겠습니다.

그렇다고 해도, 죽음이란 늘 "황망하다"라는 말이 가장 잘 어울린다는 걸 그제야 알게 되었습니다.

당신이 너무 급히 떠나셨기에, 텃밭의 쪽파도, 배추도, 무도 고개를 떨군 채 시들어갔습니다.

삼우제를 치른 나를, 그들이 조용히, 애처로운 눈빛으로 바라보는 듯했습니다. 주방 옆 창고에는 젓갈, 소금, 그리고 커다란 비닐 가득 마른 고추가 담겨 있었습니다. 손댈 엄두조차 나지 않았습니다. 결국, 김장용 재료들을 차에 무작정 때려 싣고 올라왔습니다.

막내로 자랐고 직장을 다닌다는 핑계로 김치를 한 번도 담가본 적 없는 아내였습니다. 어머니가 담가주시는 김치를 가져다 먹기 바빴던 우리였습니다. 가져온 김장 재료들을 베란다에 쌓아둔 채 고민하던 끝에, 욕조에 배추를 절임으로써 김장을 시작했습니다. 인터넷에서 찾은 30포기 기준의 레시피에 따라 젓갈, 마늘, 고춧가루, 생강, 설탕 등 갖은 재료를 준비했습니다. 쪽파와 무를 썰어 속을 만들기 시작했습니다. 누구에게도 물어볼 수 없었지만, 기억 속 어머니의 손길을 하나하나 더듬어가며 완성해 냈습니다. 시제품을 먹어 보니 훌륭했습니다. 배가 고파서였는지, 너무 힘이 들어서였는지 아니면 당신이 멀리서 응원해 주신 탓이었을까요?

올해로 만 10년이 지났지만, 김장철은 어김없이 돌아왔습니다. 이번엔 김장 재료를 준비하지 않았습니다. 잘못된 투자로 손해를 입어 정신이 없었습니다. 그럴수록 당신이 더 생각났습니다.

오랜만에 시골집에 가면 할 일이 산더미입니다. 방들과 욕실을 치우고 마당까지 정리하다 보면, 주방은 의례 아내 몫이 됩니다. 부엌에서 아내가 저녁상을 차리며 식구들을 부릅니다. 아이들이 먼저 상에 둘러앉고, 그 뒤를 따라 나도 슬며시 자리를 잡습니다.

어딘가 어색한 분위기가 식탁 위로 흐릅니다. 그때 어머니가 구부정한 허리를 일으켜 다시 주방에 다녀오십니다. 쪽파와 고들빼기를 반반씩 섞어 담근 파김치와 정성스레 만든 어머님 표 닥장입니다. 그 순간, 어떤 음식으로도 대신할 수 없는 당신만의 진수성찬이 식탁 위에 차려집니다.

이제야 고백합니다.

어머니 돌아가신 후, 파김치와 닥장 담그는 법을 전수받지 못한 것을 정말 후회합니다. 그리고 오늘, 또다시 그 열 번째 후회의 날이 돌아왔습니다.

40
을영비(乙瑛碑)

　날이 춥다. 주차장과 놀이터엔 눈이 쌓여 하얗다. 오랜만에 세상이 흰색으로 칠해졌다. 행여 덜 칠해진 자리가 남은 듯, 눈발이 세차게 불어온다. 몸은 따뜻한 실내에 있지만, 마음은 놀이터 옆 앙상한 감나무처럼 흔들린다.

　버팀목이던 자본이 무너진 지난 한 달. 무사히 견뎠다는 사실만으로도 다행이다. 여행 같은 건, 한참 뒤 얘기다. 한가함은 사치가 되었고, 반복되는 일상만이 의무처럼 남았다.

　요즘은 가만히 앉아 있는 일조차 쉽지 않다. 머리에 잘 들어오지 않는 책을 억지로 펼쳐놓고, 먼 대륙 사람들의 일상을 담은 TV 화면에 눈을 주거나, 그저 멍하니 휴대폰 속 세상을 들여다본다. 그렇게라도 하지 않으면 마음 한쪽이 허전해지고, 어딘가 뒤처지는 듯한 불안감이 찾아오기 때문이다.

　사실 이제는 조금 천천히 걸어도 될 나이다. 숨을 고르며 걸음을 늦춰도 좋은 시기이다. 그러나 마음은 여전히 분주하여, 어딘가로 향해야만 할 것 같고, 무언가를 반드시 이뤄야 할 것만 같다.

그날 이후, 불안과 근심이 깊어지는 듯하다. 이럴수록 마음을 가라앉히고 차분히 살아가야 한다는 사실을 알면서도, 몸과 마음은 그에 미치지 못한다. 고요함으로 가는 길은 멀고도 험난하다.

일요일 오전 내내 붓을 잡고 화선지에서 <을영비>와 씨름하였다. 아무리 정성을 들여도 여전히 못마땅한 글씨들. 균형이 모자라거나, 삐침이 약하거나… '도대체 왜 이걸 시작했을까? 평온한 주말 아침을 굳이 이렇게까지 고생하며 보낼 이유가 있었던가?' 그런 후회가 갑작스럽게 밀려들곤 한다. 하지만 지금은 포기할 수 없는 삶의 일부가 되었다. 붓을 잡은 순간만큼은 세상 근심을 잠시 잊을 수 있다.

한낮이 되어도 바람은 여전히 매섭다.

41
깁스 감옥

1

뚝방길은 곳곳이 움푹 패어 있었다. 자전거가 지날 때마다 출렁거렸다. 담임선생님 자전거의 뒷자리에 타고 있었기 때문에 엄살도 부릴 수 없었다. 나무판의 비린내가 역하게 코를 찔렀다.

병원에 도착해 주사를 맞고 침대에 누웠다. 방사선사와 의사는 어긋난 뼈를 맞추기 시작했다. 극심한 통증에 고개를 돌리고 이를 악물었다.

"잘 참았습니다."

"이제 뼈는 제대로 맞춰진 것 같으니 반깁스하고 다시 사진을 찍어 봅시다."

"부기가 빠지는 3일 후에 다시 오세요. 그때 통깁스합시다."

종례 시간이었다.

"은숙이, 정규, 경주, 태익이는 남아라."

"기계 체조반을 만들 거다. 너희들 할 수 있지?"

그날부터 강당에 펼쳐놓은 매트 위에서 연습이 시작됐다. 물구나무를 서서 벽에 기대기와 포핸드 스프링에 익숙해질 무렵 백핸드 스프링을 배웠다. 매트가 보이지 않아 두려웠다. 선생님이 지켜서서 붙잡아주셨다. 드디어 내 차례가 되었다. 도움닫기를 상부로 충분히 해야 했는데, 너무 급하게 서두르다 왼팔이 부러졌다. 너무 놀라 아픈 줄도 몰랐다.

2

고등학교 동문회 임원들이 1박 2일 단합대회를 열었다. 새벽에 일어나 문·이과로 편을 나눠 족구 시합을 했다. 나는 심판을 맡았다. 이과 팀엔 구멍이 하나 있었고, 속으로 '내가 뛰는 게 더 낫겠다'라는 생각이 떠나지 않았다.

다음 날 현장 사무실 근처 축구장으로 달려갔다. 공을 튀기고 차며 감을 익혔다. 이런 쉬운 공놀이를 왜 그 친구는 그리도 못했을까? 비웃으며 열심히 연습했다. 그러다 너무 세게 맞은 공은 멀리 날아갔다. 열심히 쫓아가 차려는 순간, 배수로를 덮은 철판 위에 미끄러졌다. 꽈당!

삼복더위 속에 깁스하게 되었다. 강제로 새로운 세계에 적응해야 했다. 수상스키는커녕, 승마도, 헬스도 모두 금지였다. 모든 걸 오른손 하나로만 해야 했다. 양손 타자에서 독수리 타법으로, 코나 귀를 후비는 일까지 고역이었다. 하느님이 왜 양손을 주셨는지 절절히 깨달았다. 깁스를 하루빨리 벗고 싶었다.

그토록 기다리던 날이 왔다. 커다란 앞치마를 두르고 의사를 기다렸다. 의사는 작은 그라인더로 깁스를 자르기 시작했다. 살갗은 물론, 뼈까지도 잘릴 수 있다는 생각에 소름이 돋았다. 팔을 가만히 두는 게 도무지 불가능했다.

"깁스 자르는 것을 보지 마세요!"

깁스만 풀면 예전처럼 사용할 줄 알았던 왼 손목은 전혀 달랐다. 고정된 채 6주가 흘러서인지, 가동 범위가 채 10%도 안 됐고 조금만 움직여도 아팠다. 세상에 쉬운 일이 하나도 없구나. 절망스러웠다.

그래도 왼쪽 귀를 시원하게 후빌 수 있어 행복했다.

42
누구였더라?

가쁜 숨으로 가슴이 터질 듯하다. 그래도 강사는 쉬지 말고 오 픈턴으로 다시 출발하라고 재촉한다. 모두 헉헉거린다. 선행 주자가 출발하면, 남아 있는 이들도 마지못해 뒤따른다. 누가 나서면 그 흐름을 거스를 힘조차 없어, 그냥 끌려가는 것처럼.

"자 - 배 - 평 - 접 각각 두 번씩 쉬지 않고 시작합니다."

400m를 지속하라는 지시다. 모두가 처음엔 벽면을 힘 있게 박차며 출발한다. 자유형으로 100m가 끝날 즈음, 힘이 빠지지만 배영은 그나마 숨을 고를 여유를 준다. 그러나 평영에 이르면 거의 녹초가 된다. 이제부터는 젊은 순서대로 지시를 따른다. 일부는 출발선에서 살짝 빠져 한 타임을 건너뛰고 에너지를 충전하며 강사 눈치를 살핀다. 마지막 접영까지 쉬지 않고 마치면 박수를 받는다.

수영장에 처음 입수하면 한기를 느낀다. 물론 한겨울에는 오금이 떨릴 정도다. "물 좀 따뜻하게 해 주세요." 요청하면 돌아오는 답은 늘 같다. "계절별로 자동 설정이 되어 있으니 걱정하지 마세요." 하지만 강사들은 추워지면 상·하의 일체형 잠수복을 꺼내 입는다.

 초 중급반은 언제나 수강생이 밀려 추첨으로 선발하기도 한다. 그러나 상급반은 네댓 명이 출석한다. 물론 등록은 많이 해도 꾸준히 나오는 이는 드물다. 6개월에서 1년 정도 갈고닦은 기량으로 상급반에 오면 배울 만큼 배웠다는 자만심이 든다. 네 가지 영법도 대충 구사할 줄 알고, 본인 역량에 맞게 수영을 즐길 수 있다. 하지만 여느 운동처럼, 진짜 고수가 되려면 익혀야 할 기술이 많다는 사실을, 그들은 종종 간과한다. 며칠만 쉬어도, 다시 시작하기가 쉽지 않다.

 수영장에선 남녀를 불문하고 처음 보는 사람들끼리 거의 나체로 마주한다. 허릿살이 엉덩이보다 더 도드라진 중년의 아주머니, 아랫배가 불룩하게 튀어나온 아저씨. 다들 평소엔 옷 속에 감춰두었던 모습을, 이곳에선 아무렇지도 않게 드러낸다. 평상시엔 알 수 없던 굴곡과 세월의 흔적이 적나라하게 드러나지만, 이상하게도 민망함보다는 묘한 편안함이 있다.

 지난겨울, 수강생들과 강사님과 함께 점심을 먹을 기회가 있었다. 먼저 도착해 앉아 있는데, 뒤이어 들어오는 수강생들은 서로를 알아보지 못했다. 사복 차림의 모습이 낯설었다. 한참을 마주

보며 "누구였더라?" 고개를 갸우뚱거리다,

"아- 안녕하세요? 이리 오세요."

인사를 건네자 그제야 웃음꽃이 피었다. 모두 따라 웃었다. 말 없이 통하는, 우리만의 웃음이었다.

43
기우뚱, 가을이 넘어지면

아파트 단지 입구의 헬스장은 어느새 일상이 되었다. 시간이 날 때마다 들러 자전거를 타거나 각종 기구를 이용해 땀을 흘리며 운동을 즐긴다. 컨디션이 괜찮은 날엔, 한 시간이 훌쩍 지나간다. 몸이 지친 날에도 40분은 어떻게든 채우려 한다. 허벅지와 가슴에 남은 묵직한 통증은 오히려 뿌듯하다. 집으로 돌아가는 길, 나도 모르게 미소가 지어진다.

헬스처럼 지루한 운동이 또 있을까? 단순 반복이라 금세 싫증이 난다. 그래도 자전거에 올라 유튜브 영상을 보거나, 쓰리 쿠션 당구 강의를 들으며 페달을 밟다 보면 어느새 땀이 흐른다. 음악 방송이 곁들여지면 오히려 즐거워지기도 한다. 물론 보디빌더 선발전에 나갈 만큼 열심히 운동하는 젊은이들을 보면 한없이 부럽다.

요즘 젊은 세대는 노인과의 동행을 꺼린다. 절반 가격으로 이용할 수 있는 혜택이 있음에도, 그들은 자신들만의 공간을 더 선호한다. 말이 잘 통하고, 비슷한 또래들과 동료의식을 나눌 수 있으며, 날렵한 몸매를 마주하며 운동하는 것이 훨씬 즐겁기 때문이다. 어디선가 익숙한 듯 퀴퀴한 노인 냄새가 스친다. 예전엔 그런 기미를 누구보다 빨리 눈치채던 나였지만, 이제는 문득, 그 냄새가 내게서 나는 건 아닐까 싶다. 쓸쓸함과 함께, 피할 수 없는 체념이 스며든다. '이제는 나도 늙었구나.' 젊은이들 사이에 있을 땐 말끝마다 존댓말을 얹고, 조심스레 행동하게 된다.

"이 기구 다 쓰셨나요?"

헬스장에는 회전하는 커다란 통 주위에 방울 같은 나무토막들이 매달려 있는 기구가 있다. 하체 운동을 마친 후 잠깐씩 사용하면 시원한 느낌이 든다. 그러나 할머니들은 그 기구를 운동이라 여기며 사용하는 경우가 종종 있다. <다른 사람을 위해 10분 이내로 사용해 주세요>라는 문구가 붙어 있지만, 이내 묻힌다. 나이 든 사람들의 뻔뻔함인가? 몇 번 확인하다가 그냥 샤워실로 발길을 돌린다.

'인체 모형'처럼 마른 할아버지가 언제나 헬스장에 나와 운동을 열심히 한다. 레그 프레스 머신, 로터리 풀다운 머신 등 다양한 기구를 사용하는데, 항상 한 개의 중량만 올린다. 여러 근육의 가동 범위를 넓히는 것만으로도, 그에게는 큰 운동이다. 기구들을 다 거친 후 라커 룸에서 베지밀을 맛있게 드시는 모습이 인상적이다. 내가 저 나이가 되어도 헬스장을 다닐 수 있을까. 상상해 본다. 그도 한때는 튼튼한 팔뚝과 당당한 어깨로 힘자랑했을 테지만, 세월이 근육을 깎고 뼈만 남게 했다. 그러나 운동에 대한 의지만큼은 그 무엇보다 또렷했다.

그러던 지난달, 목욕 가방을 들고 나서는 그의 걸음이 유독 기우뚱거렸다. 귓가에 찬 바람이 불던 그때 이후, 헬스장에서 그분의 모습을 더는 볼 수 없게 되었다.

44
높은 하늘, 깊은 침대

안녕하세요?

저 태익이에요.

그동안 편안히 계셨으리라 믿고 있습니다.

여름이 오면 참외와 수박을 신나게 먹어 보고 싶었습니다. 그렇지만 어머니는 언제나 구두쇠였습니다. 그래도 할아버지 생신상은 풍족히 차리셨습니다. 그날을 기다리곤 했지요. 당신은 언제나 맛있는 생선과 잘 익은 과일을 사 오시곤 했습니다. 부엌에 달려가 쟁반과 칼을 챙겨오면, 어머니는 수박을 우물에 담갔습니다. 저녁엔 으레 수박 잔치가 벌어졌습니다. 당신의 방문만 학수고대하며 어린 시절을 보냈음을 이제 고백합니다.

어느 초가을쯤이었습니다. 아버지가 전주에 간다기에 언제나처럼 따라간다고 떼를 부렸는데, 그날은 허락해서 펄쩍펄쩍 뛰며 좋아했지요. 어머니가 챙겨주신 깨끗한 옷으로 갈아입었습니다. 신작로의 버스 정류장까지 앞장서서 달렸습니다. 매번 마중과 배웅이 반복되는 곳이었습니다. 이번엔 직접 전주행 버스를 타는 주인공이 되자 더욱 신이 났지요. 한 시간여 기다려 버스에 탔습니다. 창문으로 자욱한 먼지가 들어왔습니다. 그래도 화려한 도시, 전주에 가는 기분에 들떠 마냥 즐거웠습니다. 배차장에서 내려 중앙시장으로 향하는 아버지를 졸졸 따라갔습니다. 어스름한 시장 골목에 백열전구가 하나씩 켜지고 있었습니다. 가게 앞에는 노점상 아주머니들이 앉아 있었습니다. 광주리에는 상추, 깻잎, 고구마 줄기 등 온갖 푸성귀들이 가득 담겨 있었지요.

환한 불빛과 수많은 상점, 그 안에 가득 진열된 다양한 물건들을 구경하느라 정신이 없었습니다. 한두 발짝 뒤떨어져 가고 있었는데, 아버지가 누구랑 반갑게 인사를 나누는 모습이 보였습니다. 바삐 달려 다가갔습니다. 바로 당신이셨습니다. 당신은 친정 동생과 조카를 보자 팔다 남은 푸성귀를 바로 옆 아주머니께 넘기고 일어났습니다. 그리고 근처의 순댓국집으로 향했습니다. 김이 모락모락 나는 순대, 간, 허파 그리고 눌린 머릿고기가 채반 가득히 쌓여 있었습니다. 바로 옆에는 가마솥 국물이 끓고 있었습니다. 그것들을 보자 허기가 밀려왔습니다. 순대국밥을 맛있게 먹었고, 두 분은 순대를 안주로 탁주를 드셨습니다.

초등 4학년부터 대학 졸업까지, 방학을 빼고는 온전히 당신 그늘에서 자랐습니다. 길러준 세월이 참 길었습니다. 그리고 저를 끔찍이도 사랑해 주셨습니다. 마냥 떼만 쓰며 자라온 그날들이 창피하기도 합니다. 용돈이 떨어지면 당신은 온 동네를 돌아다니며, 돈을 빌려다 주셨지요. 저는 그 돈으로 택시도 타고, 미팅도 하고, 친구들과 술을 마시며 놀았으니 정말 철이 없었습니다. 바쁘고 힘든 나날임에도 소풍날에는 꼭 김밥을 싸 주셨습니다. 그날의 김밥에 익숙해져, 지금도 햄보다는 시금치와 지단이 들어간 김밥을 더 좋아합니다.

그렇게 건강하시던 분이 출타를 점점 줄이더니, 급기야는 넘어져 엉치뼈 수술을 받으셨지요. 퇴원 후엔 전주 인근의 요양병원에 다시 입원하게 되었다는 소식에 가슴이 철렁했습니다.

특별한 일이 없는 휴일에는 당신이 입원한 병원을 찾아 병세를 살피는 일이 반복되었지요. 드시고 싶으신 과일과 과자를 사서 날랐지만, 즐기던 담배를 못 피우게 되었다며 얼마나 답답해하셨는지요? 봄날, 벚꽃이 흐드러지게 핀 날, 휠체어를 밀고 병원 근처를 산책하던 시간, 당신은 옛이야기를 듣고 환하게 웃으시며 그렇게 좋아하셨지요?

그러나 어느 날, 당신은 가장 예뻐하던 친정집 손주들을 알아보지 못하셨습니다. 울컥했습니다. 황당해하는 가족을 병실 밖으로 내보냈습니다. "지금까지 저를 기억해 주셔서 고맙습니다." 점점 굳어가는 당신의 손과 발을 오래도록 주물러 드렸습니다. 혹시 다음엔 저마저 잊으실까 두려워, 그날의 당신 얼굴을 오래도록 가슴에 담았습니다. 왜소해진 몸, 짧게 자른 흰머리, 깊은 침대 위에 누운 당신을 떠올리며, 귀경길 내내 속으로 울었습니다.

이제는 당신 가신 길을 제가 따라갈 차례입니다. 당신이 남긴 사랑의 깊이를, 제가 아들딸에게 얼마나 전했는지 감히 말할 수 없습니다. 다만 그 사랑의 절반만이라도 세상에 나누고 갈 수 있다면, 그보다 더 큰 바람은 없습니다.

갈 때의 인사·안티푸라민·다 자란 웃음·아무것도 묻지 않았다·국방색 등
딱 한 병 모셔놨다·할머니의 가뭄·가시로 남아·만경 갱변, 파란 불
앉으나 서나 당신 생각·돌고 돌아 내리는

45
갈 때의 인사

대학 시절 내내 껌딱지처럼 붙어 다녔던 우리는 졸업 후에도 1년에 한 번씩 1박 2일의 만남을 이어가기로 했다. 첫해에는 오산에서 술잔을 나누며 밤을 지새웠고, 이듬해엔 친구가 지은 농막에서, 또 그다음 여름에는 식당을 하는 친구네 집에서 정겨운 밤을 보냈다. 늦도록 맥주잔을 기울이며 수다를 떨었다.

한 달쯤 지나 낯선 번호로 전화가 걸려 왔다. 별생각 없이 퉁명스레 받았는데, 전주에 사는 동기 근철이 아내였다. 낮고 조심스러운 목소리가 귀에 닿았다.

"우리 남편이 조금 이상하지 않던가요?"

"살이 많이 빠진 것 외에는 별다른 이상이 없었고, 기분 좋게 한 잔 마셨는데요."

"그이는 술 마시면 안 되는데, 친구들이 반가워 자포자기로 마신 모양이네요."

그 순간, 머리가 찌릿했다. 간에 이상이 생겨 수술도 포기한 상태란다. 화가 치밀었다. 추석, 귀향길에 전주 예수병원 중환자실을 찾았고, 다행히 일반실로 잠시 옮겨진 친구와 단둘이 대화를 나눴다. 그는 자신의 상태를 외면하듯, 누워 있다가도 벌떡 일어나 앉곤 했다. 그 모습을 보며 가슴이 먹먹해졌다. 평범한 위로조차 쉽게 건네지 못했다. 그가 얼마 전, 전주 근교에 임야를 사서 직접 집을 짓고 정원까지 가꿨다며 자랑하던 기억이 떠올랐다.

"어서 건강을 회복하여, 내년 우리 모임을 그곳에서 하자."

얼마 남지 않은 시간을 앞둔 친구에게 내가 할 수 있는 일이 무엇일까, 고민했다. 그러다 떠오른 사람이 있었다. 우리 동아리 선배 중 한 분이 신부님으로 계셨다. 곧장 연락을 드렸고, 상황을 설명해 드렸다. 삶의 끝자락에서 기도를 통한 위로가 조금이라도 힘이 되길 바랐다.

누구나 피할 수 없는 길이지만, 환갑을 갓 넘긴 나이에 떠나야 한다는 건 너무나도 억울했다. 무표정하게 정면을 응시하는 영정사진을 똑바로 바라볼 수가 없었다. 조용히 그의 유골을 산모퉁이 양지바른 곳에 묻었다. 친척과 지인들이 모두 내려가고 우리 동기들만 남았다. 묘지 위에 새로 입힌 잔디를 애꿎게 짓밟으며, 막걸리를 따라 주고 절을 해도, 그는 여전히 말이 없었다.

허벅지가 날씬한 여자 허리통만 하다고 놀림을 받을 정도로 다부졌던, 그는 ROTC 후보생 시절, 완전군장 구보에선 늘 1등이었다. 선후배의 경조사엔 빠지지 않고 앞장서던, 믿음직한 친구였다. 전주에 갈 일이 생기면 가장 먼저 전화를 걸던 놈이었다. 그런 그를 기리는 마음으로, 선후배들이 너나없이 장지까지 따라갔다. 영정 속의 그가, 이 마지막 풍경을 보고 있었을까.

짙게 자란 갈대들이 햇살을 받아 투명한 속살을 드러낸다.

갈색 꽃대들이 고개를 숙인 채, 바람에 따라 갸웃갸웃 절을 올린다.

46
안티푸라민

공부는 뒷전이고, 하루하루가 천방지축이었다. 그러던 어느 날, 여름방학을 앞두고 동아리에서는 여름 봉사활동에 신입생 전원이 반드시 참석해야 한다고 강요했다. "막걸리를 마셔야 공부가 잘된다."라며 억지로 술자리를 만들었고, "이 기회를 놓치면 평생 후회할 거다."라는 말로 1학년 동기들을 하나씩 끌어들였다. 결국 열흘 치 쌀과 부식을 꾸려 짐을 챙겼고, 나도 그 무리에 섞여 길을 나섰다.

학교에서 제공한 버스는 진안 산골짜기 작은 절로 향했다. 요사채에 숙소를 배정받았다. 우리의 업무는 인근의 맑은 물이 흐르는 계곡을 막아 취수장 겸 간이 정수장과 상수도 시설을 만드는 것이었다.

여학생들은 식사와 부식 조달, 동네 아이들의 독서 지도를 맡았다. 남학생들은 취수장 작업조, 동네 및 사찰 관로 조로 나누어 일을 했다. 관로 조는 동네 길에 땅을 파고 수도 파이프를 연결하며 묻는 작업을 했다. 한여름에 삽질을 4~5일 하다 보니, 모두 지쳐가고 불평불만이 쌓여갔다. '이게 무슨 봉사활동인가? 심한 중노동 아닌가?'

그러던 어느 날 저녁, 주지 스님과 동네 주민들이 고생하는 우리에게 염소 고기와 막걸리를 내어주셨다. 김치와 카레만 먹다가 모처럼 맛보는 술과 고기가 얼마나 반가웠는지 몰랐다. 식사 마무리쯤에 싸한 기류가 돌기 시작했다. '신입생들은 술을 더 사줄 테니 3km쯤 떨어진 정류장 옆 식당으로 모여라.' 선배 하나가 슬쩍 말을 흘렸다. 말은 권유였지만, 분위기는 사실상 지시였다. 그 자리에 남아 있을 수는 없었다. 누구 하나 말없이 일어나 따라나섰다.

더운 바람이 진안 골짜기를 가득 채웠다. 그믐밤이었다. 열두 명이 서로를 의지하며 더듬더듬 걸어갔다. 중간쯤 갔을 때 봉사대장과 동아리 회장 등이 저승사자처럼 버티고 서서 우리를 맞았다.

"이렇게 느슨하게 일하면, 목표를 달성하지 못할 것 같다. 지금 기강을 바로잡아야 해!" 하며 예고도 없이 5대씩 엉덩이를 때렸다. 갑작스러운 매질에 몸이 아프고, 열이 확 치밀었다.

무엇보다 이해할 수 없는 방식이었기에, 당혹감과 분노가 뒤섞여 어지러웠다. 매타작이 끝나자, 선배들은 곧바로 우리를 근처 식당으로 데려가 술을 사주었다. 이상하게도 그 자리는 위로와

격려의 분위기로 포장되었다. 아픔은 말없이 넘어가고, 술잔만 오 갔다. 그 시절엔 그런 게 당연한 줄 알았다.

다음 날 아침, 여학생 동기들이 안티푸라민과 물파스를 조심스레 내밀었다. 건네받은 약이 괜히 가슴을 뭉클하게 했다. 전날의 매질은 조용히 덮였고, 우리는 언제 그랬냐는 듯 더 열심히 일했다. 묘하게 생긴 결속감이었다. 그날 이후, 동기들 간의 마음은 한결 단단해졌다.

며칠 뒤, 마침내 요사채 앞마당에서 마을 주민들과 함께 상수도 개통식을 열었다. 수도꼭지를 틀자, 물이 시원하게 콸콸 쏟아졌다. 박수가 터져 나왔고, 환호성이 마당 가득 울려 퍼졌다.

그 순간 우리는, 그간의 고생이 모두 보상받은 듯 뿌듯했다.

공사를 마무리하기 위해 몇 명만 잔류하고, 나머지는 짐을 챙겨 해방의 기쁨 속에 그곳을 떠났다. 짧았지만 오래도록 남을 여름이었다.

47
다 자란 웃음

벚꽃이 건물 사이에서 만발하였다. 친구들이 잔디밭에 앉아 도시락을 먹으며 떠들었다. 그중 몇몇은 내게 익숙한 얼굴이었다. 나는 다가가 인사하며 함께 앉았다. 조금 전에 합류한 친구의 도시락을 나누어 먹었다. 몇몇은 놀란 듯 물었다.

"네가 어떻게 여기에 있냐?"

"저놈은 짭새야!"

아는 친구가 내 정체를 살짝 말해 주었다.

갓 입소한 신병에게 내무반은 거대한 병실 같았다. 팔과 다리에 깁스하거나 머리에 붕대를 감은 부상자들이 많았다. 며칠 전 진압된 5·18 광주 민주화운동은 북한 사주를 받은 빨갱이들의 소행이라고 모두 믿었다. 너도 같은 전라도 놈이라며, 신병 신고식 때 선임들의 공매를 한 대씩 더 맞아야 했다. 그해 여름, 정의 사회를 구현한다며 술 취해 떠들거나 사회 불만자들을 모두 잡아들였다.

한낮에는 봄기운을 잠시 느낄 수 있는 2월이었다. 전 중대원에게 주어진 2박 3일의 휴가는 그 자체로 축제였다. 모두 집에 가서 봄에 입을 사복을 가지고 오라는 특별 지시와 함께였다. 집안 형편이 넉넉한 부대원들은 싱글벙글 기대에 부풀었지만, 나 같은 촌놈들은 사복을 입어야 한다는 게 도무지 이해되지 않았다. 사복을 가져오는 일이 큰 고민이었다. 그런데도 부대를 떠난다는 사실은 기분을 한껏 들뜨게 했다. 사복을 입고, 가발은 지급품이었다. 군인 스타일의 짧은 머리가 자랄 때까지 착용하라는 지시였다. 정말 답답했다. 경찰버스에 오르자마자 모두 가발을 벗어 던졌다. 이마엔 가발 끈 자국이 선명했다.

5·18 이후, 전두환 정권은 처음 맞는 대학가의 봄을 두려워했다. 대학생들이 거리로 다시 쏟아져 나와 서울 시내를 휩쓸지도 모른다는 불안은, 정권의 공포를 더욱 키웠다. 그들은 학생들의 움직임을 사전에 차단하기 위해 '사복 전투경찰', 일명 '백골단'이라는 조직까지 만들어냈다. 서울의 주요 대학 캠퍼스에 이미 이들이 배치되어 감시활동을 벌였다. 그들이 주시하던 공간은 중앙도서관과 주변 광장이었다.

학생들은 당황스러움과 분노를 감추지 못했지만, 저항은 지속되었다. 1981년 3월, 긴장감이 높아진 가운데 처음으로 데모가 발생했다. 순식간에 학생 100명이 모였다. 주동자를 잡아들이고 사과탄으로 모임을 해산시켰다. 건물과 잔디밭에서 몸싸움과 쫓고 쫓기는 난타전이 펼쳐졌다.

그날 밤 많은 학생이 경찰서로 연행되었다. 주동자는 경찰서 독방에 갇혀 조사를 받았다. 소화기 분말을 뒤집어써 얼굴을 알아볼 수 없었지만, 얼굴에 피 흘린 자국이 선명했다. 전단을 뿌리며 전두환 독재 정권 타도를 외치다, 경찰들에게 둘러싸여 발로 짓밟힌 학생이었다. 5층의 내무반에서 응급처치 상자를 들고 가, 상처 부위를 소독하고 약을 발라 주었다. 자세히 보니 고교 동기였다. 서로 전혀 다른 처지였지만 우리 마음은 같았다. 어서 상처가 아물고 다시 학생으로 돌아갈 수 있기를 간절히 빌었다.

지금은 친구들과 옛날얘기를 나누며 웃는다. 어두운 시절, 서로 싸우게 만든 권력자들을 비난하며 함께 분노한다. 고통의 기억은 여전히 우리 안에 남았다.

우리는 잊지 않기로 했다.

48
아무것도 묻지 않았다

말랑말랑한 사랑싸움이 잦아졌다. 어머니는 아버지가 중환자실에 입원했을 때, 매일 면회를 다녔다. 일반 병실로 옮긴 뒤에도, 자그마한 꼬마 침대에서 눈을 붙이며 24시간 함께하셨다. 전주에 사는 큰누나가 수시로 오가며 두 분을 챙겼다.

아버지가 다시 중환자실에 입원했다는 소식이 왔다. 아침마다 어머니와 통화로 상황을 물었다. 주말마다 면회하러 갔지만, 할 수 있는 일은 많지 않았다. 주치의인 친구에게 "잘 부탁한다." 의례적인 당부만 할 뿐이었다. 그리고 어느 주말 저녁 무렵, 병원 측에서 내려오라는 다급한 전화가 걸려 왔다.

올림픽대로에서 여의도로 이어지는 노량진 수산시장 근처 밀리는 출근길에, 휴대폰 2번을 길게 눌렀다.

"니 아버지가 없고, 혼자여서 밤에 무섭다."라는 어머니의 첫마디였다. 그렇다고 서울 아들 집으로 오라는 요청은 거절하셨다.

"내 어찌 그 감옥 같은 아파트에서 온종일 앉아 있으란 말이냐?" 뻔한 답변이었다.

"그러면 저보고 어쩌란 말이에요?" 퉁명스러운 대답도 가끔 했었다.

아들, 딸을 앞세우고 방문해 하룻밤을 함께 하면 좋으련만, 그런 날은 많지 않았다. 애경사를 핑계로 고향에 내려가면, 무슨 일이 있어도 어머니와 하룻밤을 함께 지냈다. 어머니는 아들이 왔다고 주방으로 달려가셨다. 굽은 허리로 싱크대를 붙잡고 가스레인지를 켜는 모습 앞에서, 말릴 수도, 마냥 앉아 기다릴 수도 없었다. 어머니는 겉절이도 무치고, 김치찌개도 끓이고, 숨겨둔 소주도 한 병 꺼내 오셨다.

"상 가져가라."

아들의 젓가락질을 기쁘게 바라보는 어머니의 따뜻한 눈빛, 그때의 어머니가 그립다.

이모로부터 갑작스러운 전화를 받았다.

"너희 어머니가 매우 아픈데 왜 입원시키지 않냐?"라는 힐난조였다.

단순한 몸살 정도로 알고 있었는데…. 아들에게 한 이야기와 친동생에게 한 이야기가 달랐다. 전주에 사는 큰누나에게 입원을 부탁드렸다. 김장철 배추밭을 돌보다 쓰러지셨다는 저간의 사정을 듣고서 억장이 무너졌다.

편히 주무시는 어머니 모습, 그대로였다. 오히려 가쁜 숨을 몰아쉬지 않으니 더 편안해 보였다. 다만 우릴 바라보면서 "우리 손주, 손녀들이 밥 잘 먹고, 학교 잘 다니냐?"라는 판에 박힌 물음을 던지지 않을 뿐이었다. 그렇게 어머니는, 말 한마디 남기지 않은 채 떠나셨다.

시간은 정지된 듯 멈췄다.

살다가 지쳐 어머니가 보고 싶을 때 찾아가면, 언제나 그 자리에 계실 줄 알았는데…….

49
국방색 등

건설 현장에서의 하루하루는 평범한 날들의 연속인 것 같으면서도 어떤 날은 혼이 쏙 빠질 정도로 긴박하게 돌아간다. 나뭇잎이 힘없이 떨어지던 11월의 오후였다.

사장님과 현장소장, 분야별 스태프들이 모여 회의가 진행 중이었다. 여직원이 긴급을 알리는 쪽지를 전달했다. 아파트 현장의 관로 공사 중에 인부가 매몰되었다는 내용이었다. "먼저 현장으로 갈 테니, 회의 끝나면 보고해 주세요." 말을 남기고, 곧장 뛰쳐나왔다.

퇴근 시간 전이라 올림픽 도로가 크게 밀리지는 않았다. 그래도 조급함에 심장은 심하게 쿵쾅거렸다. 달려가는 길이 더디게 느껴졌다. 구출된 것인지, 지금도 매몰 상태 그대로인지 몹시 궁금하고 답답했다. 머릿속이 뒤죽박죽이었다. 그래도 마음은 점점 냉정해졌다. 일상적인 관로 공사에서 매몰사고라니, 믿기지 않았다.

현장에 도착하니, 빨간색 테이프가 둘러쳐져 있었고 투광등은 아직 켜지지 않았다. 여러 명의 경찰과 소방대원들 사이에 긴장감이 흘렀다. 굴착기로 '노동자를 덮친 토사를 빨리 치우자'라는 주장과 '장비로 흙을 치우다 보면 사람이 상할 수도 있으니, 삽으로 퍼내야 한다.'라는 의견이 팽팽히 맞섰다. 무너진 토사를 일분일초라도 빨리 제거해야 했지만, 입씨름만 길어졌다. 연락받고 달려오는 데도 한 시간이 넘었는데, 아직도 흙 속에 있다니… 생존 가능성이 점점 희미해진다는 차가운 예감이 스쳤다.

그래도 2미터 깊이의 토사를 삽으로 걷어 낸다면, 구조에 너무 긴 시간이 걸릴 것이 분명했다. 결국 장비 투입을 결정했다. 굴착기 버킷 앞에 바짝 쪼그리고 앉아, 퍼 올려지는 토사를 숨죽이며 지켜보았다. 혹시라도 사람이 다칠까? 두려운 마음에, 흙 한 삽 한 삽이 조마조마하게 느껴졌다.

해가 서산으로 넘어가 주변은 짙은 어둠으로 둘러싸였다. 이제야 투광등 불빛이 제 역할을 했다. 조금이라도 이상이 있는 듯하면 삽으로, 그리고 손으로 확인하면서 토사 제거에 온 신경을 집중했다. 양복에 구두를 신고 뛰어든 나는 맨 앞에서 작업을 지휘했다. 물론 사고 당시 함께 일했던 동료를 앞세워 정확한 사고 위치가 어디쯤인지 계속 확인시켰다. 무너진 토사를 거의 걷어 냈지만, 사람의 흔적은 보이지 않았다. 그리고 깊어지면서 땅속에서 물기가 보이기 시작했다. 절망적이었다. 그래도 힘을 내서 구조

작업을 독려하던 중 "장비 스톱!"이란 말이, 여러 사람의 입에서 합창으로 튀어나왔다.

버킷 아래로 국방색 천이 살짝 드러났다. 바로 장비를 세우고 손으로 헤쳐 보니 웅크리고 엎드린 매몰 노동자의 등이었다. 두터운 군복이었다.

거기까지 우리의 몫이었다. 소방대원들이 달려들어 곧 구급차로 옮겼다. 나는 출동했던 경찰들과 함께 조사차 경찰서로 향했다. 현장 소장에게는 미리 "당분간은 얼굴을 비추지 말고 멀리서 지켜보라." 말해두었다. 경찰서에 가서 1차 조사를 받았다.

수십 미터 높이의 타워크레인 위도 아니었고, 지하 30~40m 깊이의 어둡고 습한, 매연으로 숨 막히는 지하철 공사 현장도 아니었다. 지상에서 2m 깊이의 관로 터파기에서 사망사고가 발생했다는 사실이 큰 충격이었다. 그날 이후로 나는, 붕괴 우려 징후만큼은 끝까지 지켜보는 습관이 생겼다. 여유 인력이 없을 땐, 긴박한 공정이 마무리될 때까지 내가 직접 자리를 지켰다. 인명 사고는 위험해 보이는 곳에서만 발생하는 게 아니었다. 예상하지 못한 일상에서, 경각심이 가장 먼저 무너진다는 사실을, 그날 절실히 깨달았다.

푸르던 등이, 그대로 굳었던 그 노동자의 명복을 다시 빈다.

50
딱 한 병 모셔놨다

비싼 양주가 애주가들 사이에서 유행이 시작하던 70년대 후반이었다. 수요를 감당하기 위해 군산의 백화 수복(정종)을 생산하던 양조장에서 처음으로 국산 양주를 생산했다. 이름도 생소한 그 술을, 유행보다는 호기심이 먼저였던 시절, 대학 행사에서 어느 선배가 가져왔다. 귀한 술이라며 모두가 맛을 봐야 한다고 했고, 참석자 전원에게 병뚜껑으로 한 잔씩 나눠 주었다.

'그 옛날 절벽 위 정자에서 신선들이 마시던 술이 이런 맛 아니었을까?'

혀끝에 맴돌던 그 술맛은 기묘했다. 쌉쌀하면서도 깊고, 오래 머무는 향이 있었다. 병뚜껑 하나 분량이었지만, 젊은 날의 낭만과 함께 그 술맛은 세월이 지날수록 더욱 선명해졌다. 그러나 생산이 중단되면서, 다시는 구할 수 없는 전설이 되었다.

어느 일요일 아침, 아파트 공터에서 사람들 소리가 들렸다. 봄

가을에 한 번씩 열리는 벼룩시장이 서는 날이었다. 벚꽃잎들이 휘날리는 그늘에, 크고 작은 물건들이 담요 위에 가지런히 놓여 있었다. 누렇게 바랜 목폴라 스웨터, 어린이용 세계 위인전집, 만화로 엮은 삼국지 시리즈… 아련한 것들이 쌓여 있었다.

아이들은 여러 장난감이 비치된 곳에 몰렸다. 그렇지만 내 눈길은 다른 곳에 꽂혔다. 초록색 군용 담요 위에 줄지어 놓인 각종 양주병. 그 가운데 단박에 알아볼 수 있는 한 병.

"베리나인 골드"

바로 그 술이었다. 마치 오랜 꿈속에서 다시 만난 얼굴처럼, 반가움과 놀라움이 동시에 밀려왔다. 망설일 새도 없이, 단번에 사 들었다.

기억 속의 그 맛이 그대로일까? 당장 확인하고 싶었지만, 꾹 참았다. 그즈음 유치원에 다니던 어린 아들이 언젠가 장가드는 날, 귀한 병을 따기로 마음먹었다. 장롱 깊숙한 곳에 넣어둔 그 한 병.

그건 술이 아니라, 기다림이었다.

갓난아이가 자라서 제 삶을 꾸리는 날, 내가 아꼈던 그 맛을 기꺼이 나누고 싶었다. 그날이 오면, 병뚜껑이 아닌, 잔에 가득 담아 함께 마시고 싶었다.

51
할머니의 가뭄

경천 저수지는 바다를 보지 못한 산골 촌놈에게 바다처럼 크고 넓었다. 항상 푸른 물결이 파도치듯 넘실댔다. 6km가 넘는 산길을 걸어가야만 볼 수 있어, 더욱 크게 보였는지도 모른다. 그곳에 사는 친구들을 따라 주말에 두어 번 놀러 갔었다. 노를 좌우로 휘저으면 물 위를 서서히 나가는 나룻배가 신기했다. 직접 배를 움직여 보고 싶었다.

저수지와 관련하여 어른들끼리 재미나게 하는 얘기들을 듣곤 했다. 어느 동네 처녀들과 다른 동네 총각들이 그곳에서 뱃놀이하다 배가 뒤집혔다. 다른 처녀, 총각들은 대부분 헤엄쳐 나오거나 인근에서 고기잡이하던 배들이 구조하였다. 그러나 김 씨 처녀와 손 씨 총각만이 물에 빠져 죽었는데, 나중에 물에서 건져 올렸을 때, 서로 손을 꼭 붙잡고 있었다는 얘기다.

"그런 것이 아니라, 처녀가 수영 잘하는 그 총각을 붙잡아서 함께 죽었지."

"둘은 초등학교 때부터 서로를 아껴주며 자랐대. 이번 뱃놀이도 둘이 기획한 거고. 이 행사 후에 혼인할 사이였는데, 무슨 호랑이가 물어갈 소리래?"

요즈음처럼 함께 나눌 화제가 없던 시절이었다. 시골 동네에서 뱃놀이 사고로 처녀, 총각이 죽었으니, 이야기가 각색되어 여러 버전으로 전파되고 있었다. 어른들이 얘기를 나눌 때면, 나는 그 주변을 빙빙 돌며 귀담아듣곤 했다.

이야기 전개 과정은 제각각이었으나, 끝맺음은 다 비슷했던 것으로 기억한다. 양가에서는 간소한 혼례복을 만들어, 영험한 무당의 집전으로 영혼결혼식을 올렸다. 죽음이 무섭기도 했지만, 죽은 뒤에 이어진 사랑과 부모의 기도가 전해져 마음이 조금 놓이기도 했다.

그러던 해, 오랜 가뭄이 닥쳤다. 그 큰 저수지 물도 바닥을 드러냈다. 사람들이 물고기를 지게로 퍼 나른다는 얘기를 들었다. 남들이 모두 잡아가기 전에 조금이라도 잡아야겠다는 생각이 들었다. 마음이 조급해 하교 후 곧바로 친구들을 따라갔다. 친구네 집에서도 점심을 먹는 둥 마는 둥, 책가방을 벗어 던지고 함께 저수지로 향했다.

친구네 집에서 조금 나가면 저수지가 있었는데, 항상 찰랑대던 물이 보이지 않았다. 대신 진흙 계곡이 끝없이 펼쳐졌다. 빨리 물고기를 잡고 싶었던 마음에 진흙 길을 내달렸다. 물고기를 손으로 직접 잡을 수 있을 줄 알았는데, 그곳도 방죽처럼 넓어 언감생심 초등 3학년으로서는 들어갈 수도 없이 깊고 넓었다. 물의 가장자리에서 어른들이 긴 그물을 펼쳐 좁히며 끌어당겼다. 하얀 배를 뒤집으며 튀어 오르는 팔뚝만 한 물고기들을 바라보는 것만으로 신기했다. 어른들이 물고기 잡는 걸 도와주며 놀다 보니, 해가 이미 넘어가 어둑어둑해졌다.

친구 집에서 저녁을 먹고 나서야, 집에서 기다리실 어른들이 떠올랐다. 혼이 날 생각을 하니 지금까지 재미있었던 일들이 모두 사라지는 듯했다. 밤에 이십 리 길을 혼자 걸어가는 것도 아득하기만 했다. 마루 구석에 던져두었던 책가방을 다시 둘러멨다. 친구 아버지가 물고기 아가미를 짚으로 꿰어 손잡이를 만들어 주었다. 그걸 양손에 하나씩 들고 친구 집을 나섰다.

이지러지기 시작한 하현달이 구름 사이로 나왔다가 사라지기를 반복했다. 행여 도깨비가 나올까 무서워, 발걸음이 잘 떨어지지 않았다. 커다란 물고기를 잡던 기억을 떠올리며 무서움을 떨치려 애썼다. 그리고 작은 발걸음을 재촉했다. 그렇게 산길이 아닌 신작로를 터덜터덜 걷고 있는데 반대편에서 어렴풋이 무언가가 다가왔다. 자전거였다.

"태익이냐?"

"네…."

아버지였다. 화가 잔뜩 난 목소리가 반가우면서도 겁이 났다. 달을 등진 아버지의 얼굴을 제대로 볼 수 없었지만, 그렇게 화난 모습은 처음이어서 몸 둘 바를 몰랐다.

집에 도착하니 이제는 어머니의 꾸중이 이어졌다.

"누가 너 보고 물고기 잡아 오라고 시키든?"

"어디를 가면 간다고 말하고 가야지, 집안 식구들이 온 동네를 헤매게 만들어?"

끝날 기미가 없었다. 그럴 때마다 언제나 큰손주의 구세주셨던 할머니께서 나섰다.

"인제, 그만 혼내라. 그 애도 이제 알아들었을 것이다. 그래도 그 애가 우리 친정집 동네를 다녀왔는데…. 그곳이 어떻더냐?"

물 빠진 저수지 계곡 여기저기에 흩어진 돌무더기들이, 예전 할머니 고향 집 담장의 흔적이었다는 사실을 알게 되었다. 수몰된 지 30여 년, 물속에 잠들어 있던 마을이 오랜만에 고개를 내민 것이다. 그날의 풍경은 쉽게 잊히지 않았다.

52
가시로 남아

중학교 2학년부터는 학교에 다니기 싫어졌다. 고교 입시 시험을 대비해야 한다며 학교의 간섭이 갑자기 심해졌기 때문이다. 과목별 쪽지 시험을 수시로 보았고 선생님들의 잔소리 강도가 한 옥타브 올라간 듯했다. 두 개의 특수반은 집중교육의 대상이었다. 일류 고등학교에 많이 입학시키는 것이 중학교의 명예를 높이는 일이라, 파릇파릇한 사춘기 소년들을 강제했다. 교감 선생님이 직접 수학을 가르치셨고 수업 시간은 숨이 막히도록 조용했다.

아침 7시 30분부터 저녁 10시까지 수업과 자율학습이 이어졌으니, 모두가 죽을 맛이었다. 밤늦도록 공부해야 할 책과 참고서, 도시락 두 개까지 넣은 책가방은 늘 무거웠다. 게다가 이른 등교 시간을 맞추기 위해 자전거로 통학했다.

유일한 희망은 등굣길, 이웃 학교에 다니는 한 여학생을 보는 것이었다. 같은 방향의 학교여서 정면으로 마주 볼 수는 없었다.

단정하게 빗은 단발머리, 조용한 얼굴. 멀리서 그녀의 모습이 보이면 페달을 밟는 발에 힘이 실렸다. 스쳐 지나며 눈빛이라도 마주치면, 그 하루는 괜히 들뜨고 공부도 술술 풀리는 듯했다. 하지만 며칠씩 보이지 않으면 괜스레 마음이 불안해지고, 우울해지기도 했다. 매일 아침, 집을 나설 때면 '혹시 오늘은 마주치게 되지 않을까?' 하는 작은 희망이 있었다.

고교 입시가 끝나자 날아갈 듯 기뻤다. 겨울 방학 동안엔 어렵게 장만한 스케이트도 타고, 달력으로만 보던 서울의 중앙청, 경복궁, 창덕궁을 모두 찾아가 보고 싶었다. 그러나 누나가 강권하여 '공통 수학'과 '기본 영어' 학원을 다녀야 했다. 여유가 생기면 그녀를 어떻게 다시 만날까 하는 상상도 점점 멀어졌다.

고교에 진학하고 꽃들이 만발하는 계절이 오자, 다시금 그 여학생이 궁금해졌다. 학교가 바뀌어 이제는 등굣길에서도 만날 기회가 없었다. 주소를 수소문하여 장문의 구애 편지를 보냈다. 밑도 끝도 없는 편지들을 주고받았고, 직접 만나기로 했다.

비가 촉촉이 내리는 봄밤이었다. 약속 장소는 제과점도 공원도 아닌, 인적이 드문 과수원 뒷길이었다. 그곳엔 탱자나무 울타리가 높게 둘러쳐 있었다. 한 시간 전부터 미리 나가 가시울타리 앞에서 기다렸다. 약속 시간이 가까워지자, 마음이 조급해졌다. 이슬비가 마치 내 안의 떨림을 다독이듯 조용히 내렸다. 그리고 저 멀리, 우산을 든 그녀가 나타났다. 얼굴은 가로등 불빛 때문에 똑바로 볼 수는 없었지만, 단정한 실루엣을 단번에 알아볼 수 있었다. 한 걸음, 또 한 걸음, 가까워질수록 가슴은 울렁거렸다. 몸을 가누고 서 있기도 힘들었다. 무슨 말을 건넸는지, 어떤 표정을 지었는지, 지금은 기억나지 않는다.

  탱자나무 울타리 넘어 가로등 불빛은 둘의 만남을 포근히 감싸 주었다.

53
만경 갱변, 파란 불

거센 바람이 불고 비가 세차게 쏟아지던 초가을 밤이었다. 저녁 식사를 마치고 온 가족이 라디오 연속극에 귀를 기울이며 듣고 있었다. 그때 어머니가 말씀하셨다.

"이장님 댁에 누가 좀 다녀올래."

이장이 가구별 수매 물량을 새벽 농업협동조합에 보고하러 가기 전에 알려야 한다는 것이다. 그 댁은 동네에서 조금 떨어진 하천 제방 옆에 있었다. 가는 길 오른쪽에는 너른 평지였지만, 장맛비에 불어난 물이 들이쳤던 흔적이 생생했고, 무성하게 자란 억새와 잡풀이 어지러이 덮고 있었다. 가까이 가기 싫은 곳이었다.

전기조차 들어오지 않던 시절이었다. 초등학교 1학년인 나와 누나는 어쩔 수 없이 우산 하나를 들고 함께 나섰다. 무서워서 선뜻 나서기 어려웠지만, 마땅히 거부할 수도 없었다. 어둠 속 외딴 집까지는 조심스레 도착했고, 심부름도 무사히 마쳤다. 그러나 돌아오는 길이 문제였다. 더 굵어진 비와 세찬 바람이 우산을 휘청거리게 했고, 우산살이 금방이라도 부러질 듯 흔들렸다.

우린 왼쪽으로 눈길을 주지 않으려고 의식했다. 그런데 파란 불꽃들이 이리저리 뛰어다니고 있었다. 신발이 길바닥에 달라붙은 듯 걸음을 뗄 수 없었다. 숨이 막힐 지경이었다. 우산만 더욱 꼭 쥐었다. 손바닥에 땀이 고일 정도로 걷다 보니 집 대문에 들어섰다. "그 도깨비불 봤어?" 합창하듯 서로에게 물었다.

심부름 잘했다는 가족들의 칭찬을 뒤로하고 할머님 품으로 달려가 물었다.

"할머니, 그 갱변에 웬 파란 불들이 그리 많아? 무서워 죽는 줄 알았네."

"지금도 그 불이 보이던? 그 옛날, 왜정 말기에 왜놈들이 공출이라며 집마다 들이닥쳐, 눈에 보이는 곡식들을 닥닥 긁어갔단다. 그래서 오뉴월 보릿고개 무렵에 사람들이 많이 굶어 죽었다. 따스한 강변에 나와 쑥을 뜯다 쓰러져 죽는 사람들이 많았지. 사람이 죽으면 동네 사람들이 모여 함께 묻어주어야 했는데, 그것도 힘들어 타성바지가 죽으면 외면하고 말았지. 그래서 동네 개들이 죽은 사람의 몸뚱이를 발기어 먹었고, 개들은 기름기가 좌르르 흐르고…."

그 말을 들으니 다시 한번 등골이 당기고 오금이 얼어붙는 듯했다.

시골집에 머무를 때면 지금도 그 길을 지나간다. 하지만 아무리 파란불을 보려고 해도 지금은 볼 수가 없다. 이제 영혼들이 영원한 안식처를 찾은 것인지, 새로 제방을 쌓을 때 깊숙한 곳으로 묻혀서인지 알 수는 없다. 다만 그런 비극적인 역사가 다시는 되풀이되지 않기를 바라는 마음만은 더욱 간절해졌다.

54
앉으나 서나 당신 생각*

식구 모두의 입이 굳게 닫혔다. 쨍한 얼음이 낀 듯한 분위기였다. 할머니와 어머니는 술과 연관되는 물건들을 부지런히 치워 없앴다. 어른들의 부산한 움직임 속에서, 나는 그저 할머니 꽁무니만 졸졸 따라다녔다. 조금 있으니, 순사가 대문 안으로 들어왔다. 무서워 얼굴을 들지 못했다. 뒤꼍까지 한 바퀴 돈 순사는 눈에 불을 켜고 있었다. 모두가 숨을 죽이며 순사와 동행하는 어머니를 지켜볼 수밖에 없었다. 이윽고 순사는 가족들에게 인사를 건네는 둥 마는 둥 대문을 나섰다. 어머니는 조심스레 뒤따라 나가 조용히 배웅하셨다. 모두가 "휴~" 한숨을 내쉬며 일상으로 돌아오곤 했다. 그런 기억으로 제복을 입은 순사만 보면 마음이 불편해졌다.

커다란 떡시루를 가마솥 위에 얹었다. 솥과 시루가 만나는 곳

* 현철의 노래 제목에서 따옴.

은 밀가루 반죽으로 모두 메웠다. 깨끗한 지푸라기로 아래 단단한 부분을 V자로 만들고, 부드러운 짚 마개로 떡시루 구멍들을 막았다. 그 위에 거친 삼베 보자기를 덮고, 불린 쌀을 가득 부었다. 밥이 될 때까지 한참 불을 지폈다. 광주리에 고두밥을 퍼 마당의 멍석으로 옮겼다. 할머니와 어머니는 고두밥과 누룩이 고루 섞여야 맛있는 술이 빚어진다고 이야기하셨다. 온기가 있을 때 먹으면 처음엔 입안에서 밥알이 겉돌지만, 나중엔 찰기가 느껴지며 팥고물 없는 떡처럼 고소한 맛이 났다. 멍석 주위에서 놀며 할머니를 도와드리는 척, 수시로 고두밥을 집어 먹었다. 모든 밥이 누룩과 섞일 때까지 배를 채웠다. 할머니는 작은 광주리로 그걸 담아 대청마루 아래로 퍼 날랐다. 어머니는 항아리 속을 차곡차곡 채웠다. 그렇게 술을 담갔다.

추운 겨울 새벽, 방바닥에 살며시 온기가 올라왔다. 매큼한 연기 냄새에 잠시 눈을 떴다가 다시 깊은 잠에 빠지곤 했다. 할머니가 큰 솥에 물을 넣고 불을 지핀 것이었다. 어머니는 아침상을 준비하시고, 아버지는 두 아궁이를 이어받아 불을 지피셨다. 불도 쬘 겸, 또 궁금하기도 해서 부엌으로 나가 아버지 곁에 앉았다. 그러면 어김없이 내게 임무 하나가 주어지곤 했다. 대청마루 밑에 가서 술 한 그릇을 떠 오는 것이었다. 먼저 바닥 위 쌀자루 등 물건을 치워야 했다. 한쪽 마루판에 뚫린 구멍에 쇠꼬챙이를 넣어 비스듬하게 들어 올리면 시큼한 술 냄새가 진동했다. 뽀글뽀글 수

많은 방울이 살아 숨 쉬듯 올라왔다. 한가운데 박아놓은 용수에서 사기그릇 한 대접을 가득 채웠다. 술을 흘릴 것 같으면 가볍게 입으로 한 모금 마셨다. 부엌에선 반숙된 달걀 반쪽을 얻어먹을 수 있는 행운을 누리기도 했다. 술독에서 술을 퍼 나르며 나도 모르게 술맛을 조금씩 알아갔다. 약간 시큼한 냄새, 익숙하면서도 낯선 시금털털한 맛, 그건 단지 술맛이 아니라, 겨울 아침의 기억이자 가족 안에서 나도 한 역할을 한다는 은근한 자긍심의 맛이었다.

 항아리 속 술이 바닥나면, 멀리 떨어진 주막에 다녀오는 일 또한 내 몫이었다. 커다란 유리병을 들고 고샅길을 지나, 둑을 타고 한참을 걸어가다 보면 푸른 대나무 숲이 우거진 주막이 나타났다. "응 함석집 아들이구나." 주인은 벽에 걸린 깔때기를 들고 구석에 묻어놓은 항아리로 갔다. 네모난 나무 국자로 막걸리를 퍼 병에 가득 담아주었다. 양팔과 앞가슴으로 술병을 감싸안았다. 그래야 무거운 술병을 안전하게 운반할 수 있었다. 그렇게 안으면 술병의 주둥이가 딱 입에 닿았다. 오르막과 내리막을 오가는 동안, 막걸리의 구수한 냄새가 술맛을 한번 보라고 재촉하는 듯했다. 갈증이 나면 자연스럽게 술병 주둥이에 입이 갔다. 왈칵 당기는 맛은 아니었지만, 쌉쌀하고 은근히 감기는 맛이 낯설지 않았다. 어려서부터 술을 접한 덕에, 지금도 술맛 하나만큼은 누구보다 정확히 느끼고 구분할 수 있다고 자부한다.

예로부터 우리 조상들은 집집마다, 고을마다 고유의 술을 빚었다. 그러나 일제 강점기에 통제와 억압 속에 그 문화는 점점 사라졌다. 해방 이후엔 식량난을 이유로 단속이 이루어져 가양주들이 아쉽게도 대부분 사라졌다. 이제는 양조장들이 다양한 막걸리들을 빚는다. 특히 젊은 세대들이 전통주 복원에 열정을 쏟는다. 덕분에 다양한 술들을 마실 기회가 생겼다. 조만간 각 지방의 유명 술도가들을 찾아다니며 그곳에서 깃든 땅과 온기를 따라 술맛을 음미하는 여행을 꿈꿔 본다.

55
돌고 돌아 내리는

토마토와 바나나, 요구르트 그리고 그날그날 제철 과일 하나를 더해 믹서에 넣는다. 믹서 뚜껑을 단단히 닫고 스위치를 누른다. 쌩, 소리와 함께 섞인 과일들이 형태를 잃는다. 그 주스 한 잔으로 아침을 대신한다. 거창하진 않지만, 내 몸을 위한 소박한 의식이다.

첫딸이 태어나고 얼마 되지 않아 시골에 계시던 어머니가 우리 집을 방문했다. 새벽에 출근하는 아들과 직장에 다니며 신혼살림을 하는 며느리가 제대로 살고 있는지 궁금하셨던 게다. 동생이 어머니를 모시고 집에 들어왔을 때, 나는 뒷베란다에서 기저귀를 열심히 빨고 있었다. 아들이 밥은 제대로 먹고 다니는지 알아보러 왔는데, 고무장갑을 끼고 세탁실에서 나오는 걸 보고 어머니는 말문이 막혔다.

며느리와 함께 저녁을 준비하시던 어머니의 조곤조곤한 말씀이

거실까지 또렷하게 들려왔다.

"애비가 일찍 출근한다는데 아침밥을 집에서 먹고 다니냐?"

"네."

"그 애는 밥 먹을 때 찌개나 국이 있어야 하니 둘 중 하나는 꼭 챙겨야 한다."

얼마 전 장모님께서 아침밥의 중요성을 강조하셨는데, 시어머니께서 반복하시니 아내는 여간 곤혹스러웠던 게 아니었다. 그 덕분에 나는 새벽밥을 꼬박꼬박 찾아 먹고 출근하는 행운을 누렸다.

언제부터인가 아침밥이 부담스러워졌다. 점심까지의 간격도 길지 않다 보니, 자연스레 아침은 과일 한두 가지로 만든 주스로 대신하게 되었다. 창원에서 1년여 동안 근무하러 가는 이삿짐에 제일 먼저 챙긴 물건이 신혼 때 구매한 믹서였다. 그러나 오랫동안 아침을 해결해 주던 그 장비가 객지에서 갑자기 멈추었다. 새로 들인 녀석과도 벌써 5년 넘게 마주하고 있으니, 언제 멈출지는 알 수 없다. 지금까지 묵묵히 견뎌준 것만으로도 고맙기 그지없다.

건강에 대한 내 지론은 간단하다. 억지로 뭔가를 하기보다는 몸이 원하는 대로, 자연스럽게 따르는 것. 몸에 맞는 옷을 찾아 입듯, 자기 몸에 맞는 리듬을 찾는 것이 가장 자연스러운 방식이라 믿는다.